LES VOYAGES DE

Phi

Sylvie Desrosiers

Illustrations de Rémy Simard

la courte échelle

Les éditions de la courte échelle inc.
160, rue Saint-Viateur Est, bureau 404
Montréal (Québec) H2T 1A8
www.courteechelle.com

Dépôt légal, 2e trimestre 2012
Bibliothèque nationale du Québec

La courte échelle reconnaît l'aide financière du gouvernement du Canada par l'entremise du Fonds du livre du Canada pour ses activités d'édition. La courte échelle est aussi inscrite au programme de subvention globale du Conseil des Arts du Canada et reçoit l'appui du gouvernement du Québec par l'intermédiaire de la SODEC.

La courte échelle bénéficie également du Programme de crédit d'impôt pour l'édition de livres — Gestion SODEC — du gouvernement du Québec.

Catalogage avant publication de Bibliothèque et Archives nationales du Québec et Bibliothèque et Archives Canada
Desrosiers, Sylvie

Les voyages de Philibert Tanguay

Sommaire: 5. Le ténébrion des ténèbres.
Pour enfants de 8 ans et plus.

ISBN 978-2-89651-631-5 (v. 5)

I. Simard, Rémy. II. Titre. III. Titre: Le ténébrion des ténèbres.

PS8557.E874V693 2010 jC843'.54 C2010-941045-9
PS9557.E874V693 2010

Imprimé au Canada sur les presses de l'imprimerie Gauvin, Gatineau, Québec.

MIXTE
Papier issu de sources responsables
FSC® C100212

Sylvie Desrosiers

Malgré son apparence réfléchie, Sylvie Desrosiers aime rire et faire rire. Pour écrire, elle cherche dans ses souvenirs, fouille dans ses carnets. Elle peut se réveiller la nuit si une bonne idée apparaît ! C'est elle qui a créé le chien Notdog. Elle écrit aussi des romans destinés aux adolescents, aux adultes, et des textes pour la télévision. Même lorsqu'elle travaille beaucoup, Sylvie éteint toujours son ordinateur quand son fils rentre de l'école.

Rémy Simard

Nul en français et en mathématiques, Rémy Simard décide de faire des petits dessins. Puis de plus grands. Ses dessins se retrouvent dans un livre ou deux, puis trois, quatre... jusqu'à plus de quarante. Rémy ne sait plus combien au juste, car il n'aime pas compter. Il raconte des histoires qui se déploient sous la forme d'albums, de romans jeunesse et de bandes dessinées.

De la même auteure, à la courte échelle:

Collection Premier Roman
Série Thomas:
Au revoir, Camille!
Le concert de Thomas
Ma mère est une extraterrestre
Je suis Thomas
L'audition de Thomas

Collection Roman Jeunesse
Série Notdog:
La patte dans le sac
Qui a peur des fantômes?
Le mystère du lac Carré
Où sont passés les dinosaures?
Méfiez-vous des monstres marins
Mais qui va trouver le trésor?
Faut-il croire à la magie?
Les princes ne sont pas tous charmants
Qui veut entrer dans la légende?
La jeune fille venue du froid
Qui a déjà touché à un vrai tigre?
Peut-on dessiner un souvenir?
Les extraterrestres sont-ils des voleurs?
Quelqu'un a-t-il vu Notdog?
Qui veut entrer dans la peau d'un chien?
Aimez-vous la musique?
L'héritage de la pirate
La tombe du chaman

Hors-Collection Roman Jeunesse

Série Notdog:

Notdog, volume 1

Notdog, volume 2

Notdog, volume 3

Notdog, volume 4

Notdog, volume 5

Roman Hors-Collection

Série Les voyages de Philibert Tanguay

L'ère glaciaire dans la glacière, tome 1

Un djinn avec ça ?, tome 2

César, ouvre-toi !, tome 3

Jell-O-Man, tome 4

Collection Ado

Le long silence

Les trois lieues

Série Paulette :

Quatre jours de liberté

Les cahiers d'Élisabeth

LES VOYAGES DE

Philibert Tanguay

5. Le ténébrion des ténèbres

la courte échelle

À Thomas et à André

*Un gros merci à la Société
de développement des Arts et de la Culture
de la Ville de Longueuil (SODAC)
qui a soutenu financièrement la création
de ce projet complètement loufoque !*

Le ténébrion des ténèbres

Quand nous avons quitté Philibert, dans le tome précédent, il revenait d'une expédition dans le Grand Nord où il avait été emporté dans le vaisseau spatial de Jell-O-Man, en compagnie de son frère Olivier dont la tête était restée en arrière. Roméo le mammouth a enfin récupéré sa défense perdue dans le tome 1, mais Philibert a perdu un auriculaire...

CHAPITRE 1

La salade de Saladin

J'avais hâte que mon auriculaire réapparaisse. Non que ce soit un doigt vraiment nécessaire, mais il est très utile pour se gratter dans les oreilles. Surtout, j'avais hâte à cause de ma mère.

Je voulais éviter la visite à l'hôpital en urgence — donc attendre dix-huit heures — et éviter les questions. Je ne pouvais pas dire au docteur: « J'ai perdu mon doigt en allant dans le Grand Nord de l'ère glaciaire pour rapporter sa défense à un mammouth et, curieusement, la potion a eu des effets bizarres: mon doigt n'a pas suivi, ni la tête de mon frère d'ailleurs, mais ça, c'est une autre histoire. » Il aurait oublié mon doigt pour se concentrer sur ma santé mentale.

C'est ainsi que je me suis trouvé une passion pour l'entomologie.

Qu'est-ce que l'entomologie ? C'est l'étude des insectes. Une activité que je pratique avec des GANTS pour ne pas toucher aux insectes que je manipule. J'ai mis un faux doigt dans l'espace de l'auriculaire et le tour était joué. Remarquez que ma mère n'a pas trop apprécié mon nouveau passe-temps : elle déteste les bibittes de toutes sortes. Pas autant que les couleuvres, mais proche.

Mon père non plus n'était pas trop convaincu de me laisser monter un vivarium rempli d'insectes ; il ne le dit pas, mais je sais qu'il a une peur panique des araignées. Comme Olivier, mon frère.

Quand il en voit une dans notre chambre, il me demande toujours de l'écraser. Moi, je ne peux me résoudre à ce genre de meurtre, alors je l'attrape avec un balai et je la jette dehors. Je trouve ça plus humain, même en hiver.

Moi, ce qui m'effraie le plus, c'est la fourmi Bulldog. C'est une des bêtes les plus venimeuses de la planète ! Mortelle. Mais elle vit en Australie, alors pas de soucis.

— Hé, Philibert, ça te tenterait de te changer les idées un peu ?

Voici mon frère Olivier qui entre dans la chambre.

— Pour faire quoi ?

— Je comprends que tu montes un vivarium pour cacher ton doigt, enfin ton absence de doigt, mais on dirait que ça t'obsède, les insectes.

— Je commence à trouver ça intéressant, c'est vrai. Sais-tu quel est le plus grand tueur de la planète ?

— Le requin blanc ?

— Le maringouin. Il tue plus de deux millions de personnes en leur transmettant des maladies graves. L'été prochain, je ne sortirai pas.

— C'est ce que je disais : tu as besoin de te changer les idées. Je te propose un voyage.

Nos parents sont partis à vélo pour la journée. C'est leur nouvelle affaire. Ils se sont inscrits à un club et se mettent en forme en escaladant des montagnes. Beau temps, mauvais temps. S'il pleut à plein ciel, ils reviennent pleins de boue. À leur retour, ils sont toujours affamés et ont systématiquement envie de manger des frites maison. Alors, on trouve que cette activité nous profite.

Donc, ils sont partis pour la journée.

— On irait où ?

— Jérusalem. Le temps des croisades, répond Olivier.

— T'es malade ! On va se faire décapiter par les Sarrasins !

— Mais c'est ici la beauté de ma suggestion : on filera du côté du grand Saladin ! Celui qui a repris Jérusalem des mains des croisés en 1187.

— Sais-tu, je pense que mes insectes sont moins dangereux… Je passe mon tour.

— C'est là que tu te trompes : il n'y a pas eu de bataille et les chrétiens de Jérusalem ont eu la vie sauve. Saladin les a laissés partir, tout bonnement.

Ouais. Dans ce cas. C'est vrai que c'est tentant. Je ne connais rien de cette époque ni de toute cette histoire :

— On pourrait être serviteurs, vivre dans les tentes.

— Tu manques d'ambition, Phil ! Nous pourrions être interprètes, prendre part aux négociations pour la reddition des chrétiens !

Olivier a déjà filé vers la cuisine pour concocter la potion.

Évidemment, il y a le côté absurde du voyage, dans tout ça. Quel sera-t-il ? On ne peut pas le savoir d'avance. Olivier me rejoint :

— Tu suggères quoi, petit frère, comme ingrédients ?

— De la salade. Salade, Saladin, c'est proche.

— Bonne idée. Apportes-en une feuille, on va l'émietter dans le breuvage.

Je déteste quand Olivier me donne un ordre. Normalement, je lui aurais dit d'y aller lui-même. Mais il y a des jours, comme aujourd'hui, où je me sens généreux. Bon prince, j'y vais.

En chemin, j'ai un éclair de génie : sarrasin. Il y a un sac de farine de sarrasin dans l'armoire du sous-sol. Ma mère a essayé de nous en passer dans les crêpes, mais on la détecte à tout coup. Et on n'aime pas ça. Le sac est là depuis des années !

Olivier est impressionné et admiratif :

— Qu'est-ce que je ferais sans toi, Philibert ?

— Tu te mettrais dans des situations dangereuses. Je veille sur toi, dis-je, pompeux, en versant la farine dans le contenant de potion.

La salade n'est pas lavée et est pleine de terre, mais on ne s'en formalise pas trop. On la déchire grossièrement et on l'ajoute dans le verre.

— J'ai pensé à ceci aussi : des poils de Velcro.

— Pour quoi faire ?

— Velcro n'est pas un chien pure race, il est croisé, dis-je avec un sourire entendu.

— ... et Saladin combattait les croisés. Vraiment, Phil, tu m'épates.

— Je sais, je suis le meilleur.

Je jette les poils dans le liquide épais. Olivier brasse, verse le tout très peu appétissant dans un verre, me le tend.

— Yark ! C'est plein de mottons !

Olivier boit à son tour :

— Ce doit être la farine qui fait des grumeaux.

— C'est bizarre, on dirait que...

Je crache ma deuxième gorgée.

— Ça bouge, Olivier ! Il y a des vers dans la vieille farine !

Olivier devient vert. Trop tard, il a avalé sa gorgée. Nous voyons en même temps la fourmi qui marche sur le reste de la salade. Pendant que nous disparaissons, une petite inquiétude m'envahit :

— On aurait peut-être dû la laver...

CHAPITRE 2

La bibitte, a monte, a monte, a monte…

Ils s'attendaient à la terre sèche et rocailleuse de la Judée du XIIe siècle. À des tentes, des chameaux, des chevaux, des turbans. Pas à cette immense salle climatisée on ne peut plus moderne avec ses murs blancs et bien droits, son plafond haut, son plancher en béton, ses larges fenêtres laissant pénétrer la lumière du dehors.

Aux murs, il y a des vitrines. Sur le sol, des carrés de plexiglas de différentes grosseurs, hauteurs, permettent de croire que Philibert et Olivier se trouvent dans…

— Une salle d'exposition, on dirait, juge Olivier.

Les garçons avancent prudemment dans la pièce vide.

— Il n'y a rien dans les vitrines, constate Philibert.

À l'endroit où il aurait dû y avoir des cartons explicatifs, on ne voit que des carrés blancs entourés de gris.

— On est peut-être à Jérusalem, mais dans le futur, suggère Philibert.

— Quel ingrédient nous y aurait amenés ?

— Aucune idée.

Le mot « SORTIE » écrit en rouge apparaît en haut d'une porte métallique. Phil et son frère traversent la pièce, hésitent un moment avant d'ouvrir la porte ; il faut être prudent quand on voyage dans le temps, l'espace et l'absurde. Qu'est-ce qui les attend de l'autre côté ?

Une deuxième pièce vide, mais pleine d'outils, de débris de toutes sortes et de poussière de plâtre. Olivier émet un sifflement :

— Méchantes rénos !

— Ouais. Il faudrait que papa fasse de même dans le sous-sol. On pourrait installer une table de babyfoot. Charles, dans ma classe, en a une à vendre et je...

— Chut !

Un craquement. Les gars sont en alerte. Une goutte d'eau tombe du plafond dans un seau placé à cette fin.

Un morceau de céramique roule par terre et quelque chose s'enfuit. Olivier sursaute :

— C'est quoi, ça ?

Philibert part à rire :

— Une souris, Olivier. Tu n'as pas peur des souris, mon grand frère, hum ?

— Moi ? J'ai plutôt eu l'impression de voir un insecte.

— De cette grosseur-là ? Impossible.

Un peu plus loin, ils débouchent dans un grand hall. Des portes vitrées s'ouvrent sur l'extérieur. Enfin, s'ouvrent, normalement, mais pas maintenant. Non seulement elles sont tapissées de papier et verrouillées, mais en plus elles sont attachées avec des chaînes, à l'extérieur. Dans l'ouverture laissée par le papier déchiré, Philibert remarque l'empreinte d'une lettre qu'on a effacée.

— I – N... S – E – C... Olivier ! On est à l'Insectarium !

— Ça me rappelait quelque chose aussi. Tu te souviens quand on est venus ? Il y avait une dégustation d'insectes.

— Oui, tu as essayé de me faire croquer dans un suçon orange à travers lequel on pouvait voir un ténébrion. Je l'ai donné à papa. Je ne l'ai pas revu, tu crois qu'il l'a mangé ?

— Tu veux gager ?

— Non. Je suis certain qu'il l'a jeté.

— Mais qu'est-ce qu'on fait ici ?

— Ce doit être à cause des vers dans la farine. Tu sais ce que c'est, un ver de farine, Olivier ? C'est un ténébrion. On en a mangé, finalement. Vivants.

Olivier vomit dans un pot de peinture. Philibert se sent mal. Il se souvient d'avoir avalé des morceaux de ver pour un de leurs voyages, à Versailles. C'était dur à passer. Mais ils ne bougeaient pas.

« Il y avait peut-être aussi des fourmis dans la salade... pense Philibert. J'en ai vu une. Je ne dirai pas à mon frère qu'il a mangé une fourmi, il va tomber dans les pommes. Donc les insectes l'ont emporté sur le sarrasin et la salade et nous ont amenés à l'Insectarium qui est en cours de rénovation. Si nous sommes dans le passé, il n'est pas si lointain. Dans le futur ? Nous n'avons aucun indice. »

— Ça va, Olivier ?

— Beurk !

— Bon, ça ne va pas du tout. Il faudrait que je te trouve de l'eau froide. Une compresse sur le front te ferait du bien. Du moins, c'est ce que maman dirait. Il y a des toilettes ici, c'est sûr. Je reviens.

Philibert laisse son frère négocier avec son estomac

et cherche une indication. Tout a été enlevé pour les travaux. Il faudra pousser les portes, ce que Phil s'applique à faire dans le hall. Que des bureaux vides, pas de toilettes en vue.

À sa droite, dans un tournant, il aperçoit un grand espace vitré. « La boutique, se dit-il. Il doit y avoir des toilettes pas loin. » En effet, il les trouve, à côté du vestiaire. Mais l'eau y a été coupée.

Des escaliers roulants qui ne roulent pas mènent à l'étage supérieur. Philibert monte les marches deux par deux.

Il fait sombre, en haut. Le silence règne. Phil avance d'un pas mal assuré, craignant une surprise, bonne ou mauvaise, qui surgirait du noir, d'un couloir, d'un tiroir, pourquoi pas ? Après tout, ils ne sont pas tout à fait dans la réalité. Dans la pénombre se cache peut-être un entomologiste fou, un papillon de nuit parlant ou bêtement une mygale oubliée là ?

Il trouve enfin un robinet fonctionnel. Il enlève le gant blanc qu'il porte tout le temps désormais, le mouille et rebrousse chemin.

— Ayoye !

Philibert chasse l'insecte qui vient de tomber sur son cou. Jamais il n'aurait pu imaginer qu'une morsure de fourmi pouvait faire si mal.

***

De son côté, Olivier reste allongé par terre, sans bouger, sinon la nausée le reprend. Il entend le même déplacement de morceaux de céramique que tout à l'heure:

— C'est une souris, Olivier, seulement une souris. Aïe!

Il vient d'être piqué. Sur sa main, un maringouin retire son dard. Olivier a juste le temps de l'écraser avant de tomber dans un profond sommeil.

CHAPITRE 3

Grillons sur le gril

Il y avait un verre en plastique transparent qui traînait par terre, là où la #*?&&** de fourmi est tombée après m'avoir mordu. J'ai eu la présence d'esprit de le déposer sur elle. J'ai fabriqué un couvercle avec six couches de papier essuie-tout. Je veux savoir de quelle espèce est cette fourmi.

Évidemment, je me suis dit que ce devait être une Bulldog! On est dans un insectarium quand même! N'importe quelle créature de l'affreux monde des insectes peut s'être cachée dans un coin sombre en attendant méchamment le moment où une pauvre victime passerait, pour ensuite lui injecter un poison paralysant avant de la dévorer vivante.

Il doit bien y avoir une bibliothèque ici : peut-être n'est-elle pas en rénovation ? Et s'il me restait à peine une heure à vivre ? Je vais laisser mon gant mouillé sur le front d'Olivier et essayer de trouver de la documentation.

Bon, où sont les escaliers mobiles déjà… Par là.

— Arrière, chien de croisé !

Le type en face de moi a surgi de nulle part. J'ai échappé mon verre.

— Oh là ! on ne parle pas comme ça !

— Tu oses me défier ! Je vais transpercer ta graisse avec mon sabre !

Il a l'air sérieux !

— Hé, vous, je ne suis pas un croisé.

Il s'arrête de crier comme un dément :

— Tu es quoi ? Un Franc, c'est certain, je le vois à ta peau blême et à ton regard fourbe.

Fourbe ? Moi ? Ça suffit, les insultes !

— Je suis un Québécois, sachez ! Et vous ?

— Tu ne reconnais pas le grand Saladin ? Le plus illustre souverain du moyen-âge, le plus pur héros des musulmans ?

Je crois que j'aurais intérêt à dire oui :

— Mais bien sûr ! Excusez-moi, j'ai eu un moment d'égarement.

Il plisse les yeux, m'examine, hésite, pense fort :

— Les Québécois sont-ils des ennemis de Saladin ?

— Mais non, ils ne sont les ennemis de personne. Moi-même, je suis assez ami avec Parwiz, un musulman qui demeure près de chez moi.

Ouf ! Il range son sabre qui semble pas mal plus aiguisé que les couteaux de cuisine chez nous. Il est long comme mes bâtons de ski. Le bonhomme a une moustache, une longue barbe, une sorte de turban à pointes qui a l'air d'un casque ; il porte une armure grossière, rien à voir avec celle des chevaliers. Il a vraiment tout d'un gars qui passe sa journée à combattre. Que fait Saladin ici ? C'est nous qui voyageons dans le temps ! Saladin connaîtrait-il lui aussi la recette d'une potion comme la nôtre ?

— Mais qu'est-ce que je fais ici ? demande Saladin, comme s'il lisait dans mes pensées. Où suis-je ? Serais-je entré dans Jérusalem sans m'en rendre compte ?

Quoi répondre ?

— Euh... non... oui... c'est-à-dire...

Il inspecte les lieux :

— Je n'ai jamais vu d'escaliers de métal.

— Ce sont des escaliers roulants, quand ils fonctionnent.

— Les Québécois seraient-ils plus avancés techniquement que nous ?

Je ne sais pas si je dois dire oui ; il m'apparaît fier et susceptible.

— Ça dépend.

— Mène-moi à ton souverain, grassouillet.

Ce n'est pas gentil.

— Il faudrait pouvoir sortir d'ici. Nous sommes enfermés.

— Saladin pris au piège ? Aucune forteresse ne lui résiste ! Je ferai tomber les murs ! Je jetterai les gardiens aux cochons ! Mais avant, j'ai faim.

Il veut manger ! Me voilà en compagnie d'une apparition du XIIe siècle qui a faim. Je dois retourner auprès d'Olivier. J'espère qu'il va mieux et qu'il est resté sagement à m'attendre. C'est lui qui voulait aller à l'époque de Saladin, qui connaît son histoire ; il saura certainement mieux que moi comment prendre le personnage.

— Venez avec moi, monsieur salade.

— In.

Il ne comprend pas mes blagues. Ça promet.

On descend l'escalier, on retourne sur mes pas. C'est bien silencieux, je n'entends pas Olivier vomir, c'est bon signe. À moins que ce ne soit TROP silencieux et qu'il faille m'inquiéter? S'il s'est senti mieux, mon frère peut bien être parti à ma recherche et s'être perdu.

Mais non, il est là.

— Olivier, hé, Olivier, réveille! J'ai quelqu'un à te présenter, tu n'en reviendras pas. Olivier?

J'étale sur son front mon gant censé le rafraîchir. Je le secoue délicatement, puis avec plus d'énergie. Il marmonne: «Mireille.» Mireille? Qui est-ce? Il faudra éclaircir ça. Pour le moment, il reste endormi. Saladin se penche vers Olivier:

— Ce jeune homme est-il un Québécois, lui aussi?

— C'est mon frère.

Il l'examine de près, lui ouvre les paupières qui se referment immédiatement. Il tâte son crâne, pose l'oreille sur son thorax pour écouter son cœur, soulève ses bras mous.

— Le pauvre fils d'Allah!

Il m'inquiète.

— Vous savez ce qu'il a?

— Il a été piqué, regarde sa main.

On y voit une bosse rouge.

— Par quoi?

— La mouche du sommeil.

— Hein? C'est grave?

— Oui.

— Comment pouvez-vous en être sûr ?

— Je connais bien les marques laissées par les insectes. Je connais bien tous les insectes. En fait, je les adore. Dans mon assiette surtout. Où penses-tu que je pourrais manger des grillons grillés ?

Mon frère est étendu inconscient et Saladin pense à son estomac. Je rêve. Il veut manger des grillons, c'est-à-dire des insectes, des bibittes, des petites bêtes qui rampent, qui piquent, qui font « crounch ! » quand on les écrase. Dégueulasse.

— Je doute que vous trouviez des grillons à manger. Si je peux vous suggérer une poutine, c'est une spécialité locale, patates, sauce, fromage en grains...

— En grains ?

— Ça a l'air de gros vers blancs, ça devrait vous intéresser.

— Si les grillons ne sont pas disponibles, je prendrais des ténébrions. J'en raffole.

Ténébrions. Je me demande s'ils en servent toujours. Il en reste peut-être quelque part, dans un tiroir, une armoire, une poubelle.

Saladin inspecte les lieux, retourne les plaques de plâtre. Olivier respire calmement.

— Ça se traite comment, la maladie du sommeil ?

— Ça ne se traite pas. Il devrait se réveiller, avoir de la fièvre, de la confusion mentale, de l'agitation, une grande fatigue, dormir, avoir des insomnies, bref, il en mourra éventuellement. Peux-tu me dire ce que c'est que cette chose orange que je viens de ramasser par terre ?

Il a trouvé un suçon au ténébrion !

— Une friandise à votre goût.

— Parfait. Goûtes-y.

— Moi ? Jamais !

Oh, oh... Saladin sort son sabre et le pointe vers moi :

— Trop de gens veulent m'empoisonner. Tu deviendras mon goûteur. Croque.

Ai-je le choix ?

CHAPITRE 4

Larves à la tomate

La sueur perlait à son front. L'insecte brun foncé aussi long que l'index de Philibert était figé dans le sucre comme s'il était en plein mouvement. Ses multiples pattes latérales avaient l'air d'avancer.

« Je pourrais peut-être juste croquer un tout petit morceau en évitant le ténébrion », s'était dit Philibert. Ce qu'il fit, en tendant rapidement le suçon à Saladin... qui le lui rendit en lui enjoignant de croquer la bestiole « appétissante ».

Philibert a pensé à son frère, à son père, à sa mère,

à Jeanne, sa demi-nièce. Comme quelqu'un qui va probablement mourir, il a vu toute sa vie dérouler devant lui : la fois où il a fait pipi au lit chez sa grand-mère, les soirs où sa mère le berçait — elle l'a fait jusqu'à ce que les pieds de Philibert traînent par terre —, sa première médaille de basket — tous les participants en avaient reçu une —, son premier A en français, l'année dernière ; Velcro, son chien, quand il n'était qu'un chiot craquant, Justine, dans sa classe — tiens, c'est bizarre, pourquoi Justine ? —, Roméo, le mammouth, son grand copain d'aventures ; le spaghetti sauce à la viande de son père, sa collection de fruits moisis qu'il garde dans une boîte scellée dans le cabanon...

C'est avec cette dernière image en tête qu'il a finalement fermé les yeux et croqué dans le corps gluant.

Le voilà qui attend de trépasser de dégoût, ou simplement empoisonné, après avoir avalé tout rond sa bouchée.

« Je n'ai rien goûté. Ce n'était même pas gluant. J'ai survécu », constate Philibert. Même qu'une petite fierté naît en lui, celle d'avoir réussi cet exploit surhumain — de son point de vue — d'avoir mangé un insecte.

— Cette friandise n'était pas empoisonnée puisque tu es toujours vivant, dit Saladin. Allons voir si on n'en trouve pas d'autres.

— Sauf votre respect, monsieur Saladin, je ne vois pas pourquoi quelqu'un en voudrait à votre vie dans cet insectarium.

— Nul endroit sur cette terre n'est sauf pour moi tant que ces chiens d'infidèles n'auront pas quitté Jérusalem !

— Je vous l'ai déjà dit, on ne traite personne de « chiens », c'est très malpoli. Ne vous en faites pas, Jérusalem, vous allez la conquérir sans problème.

— Comment sais-tu cela ? Tu es devin peut-être ?

Lui répondre qu'il le sait parce que son frère le lui a dit après l'avoir lu dans un livre d'histoire ? Il vaut mieux se méfier des personnages historiques, au cas où en détenant des informations privilégiées ils se mettraient en tête de changer le cours de l'Histoire.

— Je disais ça simplement parce que je suis certain, mais absolument certain que vous serez victorieux, oh ! Salade suprême !

— In. Je te remercie, tu sais flatter les puissants, mon petit.

« Voilà qui est plus gentil », pense Philibert.

— Si tu me trouves à manger, je saurai être généreux et te ferai cadeau du doigt qui te manque.

Philibert regarde sa main à quatre doigts, en pensant que Saladin ne remplira jamais sa promesse.

Mais... si c'était vrai ? Il couvre Olivier d'une toile servant à protéger le plancher de la peinture.

— Monsieur Saladin, moi aussi, j'ai été mordu par un insecte, là, dans le cou, une fourmi plus précisément, ça vous dit quelque chose ?

Saladin l'examine :

— Vilain, vilain... Mais tu sembles en santé, tu vas peut-être passer au travers. Allons-y.

Tandis que son frère ronfle paisiblement, Phil, abattu par le diagnostic, et le Sarrasin partent en quête de nourriture.

Saladin fait facilement sauter les serrures des portes des laboratoires. Les armoires sont vides.

Les bureaux administratifs ne contiennent que de vieux papiers.

Dans ce qui semble être un entrepôt, ils sont plus chanceux : sous une dalle soulevée, une dizaine de larves bien grasses se tortillent. Saladin, ravi, les cueille une par une et les engouffre en les croquant. Un petit filet de jus coule de ses lèvres gourmandes et Philibert réalise que Saladin ne lui a pas demandé de goûter. Trop heureux de l'oubli, Phil sourit.

— Je ne t'ai pas fait goûter, garçon, car il m'apparaît bien peu probable que ces excellentes larves aient été empoisonnées. Je les garde toutes pour moi ! lance Saladin, sardonique.

— Pas d'offense, répond Phil, grand seigneur.

Dans un coin, une araignée a tissé sa toile. Saladin l'enroule autour de son doigt en attrapant les centaines de bébés araignées qui s'échappent d'un coin de la toile. Et hop ! dans la bouche.

— Ça va comme ça ? Avez-vous encore faim, Saladin ?

— Mais ce n'étaient que de petits amuse-gueule. Délicieuses, ces araignées.

Une porte de métal mène à un garage qui ne contient, hélas ! que des voiturettes électriques.

Un escalier conduit vers un sous-sol. Là, des installations électriques. Ici, une salle remplie de microscopes. Enfin, une cuisine : une table entourée de chaises doit servir de salle à manger pour les employés. Un frigo entrouvert et éteint. Un micro-ondes. Un four, graisseux et sale, mais sans la moindre trace de fourmis qui auraient pu être intéressées par les coulisses le long des parois.

Des armoires. Philibert les ouvre une à une. Il y trouve de la vaisselle, du sel, du poivre, des tomates en conserve, des sachets de thé. Dans la dernière, quelques spaghettis non cuits et un sac de farine.

— Ouais... pas une grosse récolte. On pourrait peut-être essayer de trouver d'autres larves sous des dalles. Je pourrais les mélanger avec les tomates, vous allez aimer ça. Ma mère met des tomates partout et c'est toujours bon, alors je ne vois pas pourquoi ce serait différent, euh... pour mon doigt, vous étiez sérieux ?

Saladin ne répond pas, va chercher le sac de farine. Dès qu'il verse un peu de farine sur la table, des dizaines de larves de ténébrions se mettent à grouiller dans la poudre blanche.

— Hum ! Essaie ta recette avec ça. Mais avant, tu goûtes. Ce sac a été rempli par des mains humaines, il contient peut-être un poison mortel.

— Meuh non ! À mon avis...

— Goûte !

« Encore le coup du sabre ! » se désole Phil qui attrape une larve du bout des doigts. Il ferme les yeux, ouvre la bouche et c'est au moment où il accepte enfin son sort qu'il entend un cri :

— NE TOUCHEZ PAS À MES ENFANTS !

CHAPITRE 5

Coléoptère en colère

Sauvé par un insecte ! Enfin, sauvé, c'est vite dit ! Sauvé de la dégustation obligée. Pour le reste, le spécimen de ténébrion adulte devant nous est passablement imposant : un corps noir et épais, six pattes brunes, une tête ronde avec des antennes, le tout dans un format très loin de ce qu'il devrait être normalement. La femelle, qui n'a rien de féminin en ce qui me concerne, est gigantesque, genre presque ma grandeur.

Salade du jardin et moi, on est un peu surpris. Tout de suite, la ténébrion — peut-on dire ténébrionne ? —

a droit au spectacle du sabre de l'autre tournoyant dans les airs pour la menacer et nous protéger. Peut-être pas nous, mais ce n'est pas le temps de me poser la question.

Mais voyons ! Je crois que j'ai des hallucinations. Oui ? Non ? Impossible. Au lieu de nous attaquer, de nous déchiqueter, de nous dévorer après un combat sanglant, maman ténébrion se met à renifler. Puis à pleurer. À chaudes larmes. C'est complètement, totalement et absolument absurde !

Saladin et moi, on ne sait pas trop quoi faire ; ni l'un ni l'autre n'avons jamais assisté à l'effondrement nerveux d'un insecte.

Si j'avais ma mère devant moi, je paniquerais un peu, puis je me collerais sur elle, un peu. Si c'était mon frère, je rirais au début et je lui offrirais d'aller se lancer la balle. Si c'était ma demi-nièce, Jeanne, je lui proposerais de la potion pour un voyage où elle le désire, histoire de lui changer les idées. S'il s'agissait de mon père, hum, je crois que je resterais devant lui sans pouvoir parler, jusqu'à ce qu'il me parle.

Mais là... Je n'ose pas m'approcher trop, on ne sait pas comment peut réagir un ténébrion déprimé tout droit sorti des ténèbres :

— Heu... je peux faire quelque chose ?

— Je n'en peux plus!

— De quoi?

— De voir mes enfants offerts en pâture aux reptiles, aux oiseaux, même aux humains!

— Ouais, c'est un peu laid. C'est ça qu'ils font, ici?

— Oui, les ténébrions sont élevés pour servir de nourriture. De la boucherie, je vous le dis.

L'image qui me passe en tête, c'est le comptoir des viandes à l'épicerie. Quand je mange un steak, je ne vois pas le bœuf. Tout à coup, ça me fait tout bizarre. J'imagine le veau, l'agneau, le poulet. Serais-je capable de devenir végétarien?

Saladin dépose son sabre:

— Je ne mange rien qui parle.

Je m'approche de la mère éplorée:

— C'est beau, on ne touchera pas à votre famille. Vous avez combien d'enfants?

— Je ne sais pas, moi, mon destin est de pondre, partout où je peux, surtout dans les sacs de farine et de céréales. Du gruau, par exemple.

Il faudra que je vérifie le gruau, la prochaine fois que je m'en servirai!

— Voyez-vous grandir vos enfants?

Elle se remet à sangloter:

— C'est ça, le pire! Je ne vis que deux mois! Je

meurs avant qu'ils deviennent adultes ! Je ne verrai jamais mes petits-enfants ! La vie est injuste !

Attends que je raconte ça à Olivier : « Je viens de passer un long moment à essayer de consoler un insecte en pleine crise de déprime, sous le regard confondu d'un musulman historique. »

— Madame, il ne faut pas vous laisser aller. La vie d'insecte, je suis d'accord avec vous, n'est pas toujours rose et... mais, madame, ça va ?

La voilà qui me jette un regard haineux. Comment puis-je discerner la haine dans des yeux de ténébrion ? Ce doit être à cause des mouvements qui l'accompagnent. Elle se redresse — je n'avais pas réalisé à quel point elle est grande —, elle cesse de pleurnicher et se dirige lentement vers nous. Je crois qu'il vaut mieux que je recule...

— Si je dois m'éteindre avant mes enfants, je ferai un dernier geste pour eux. Ils aiment bien les céréales, les légumes parfois. Je me demande ce qu'ils penseront de vous. Un peu de protéine les fera peut-être grandir plus vite et je pourrais les voir adultes.

Elle rit maintenant. Comme une folle. Un rire maniaque, méchant, menaçant. Le maringouin doit avoir le même rire avant de piquer.

Saladin a l'air tout décontenancé. Il est habitué à

combattre des humains, pas des insectes géants. Il brandit son sabre, en tremblant :

— Avance, sale coléoptère ! Ta colère ne m'effraie pas ! Je te couperai en rondelles et je les mangerai avec tous tes petits !

Il y va un peu fort, je trouve. Enfin, il ne dit rien pour l'apaiser. J'ai de la difficulté à croire qu'il a laissé filer les chrétiens de Jérusalem comme ça.

D'un coup de patte, la mère ténébrion fait tomber Saladin qui échappe son sabre. Je n'ai aucune porte de sortie. Ce serait le bon moment pour que la potion cesse de faire effet, mais cela n'arrivera pas, évidemment. Ou le bon moment pour voir apparaître Roméo, le mammouth, qui l'écraserait en une seconde. Mais j'ai bien peur de ne plus jamais le voir surgir dans mes voyages.

***

« Où suis-je ? C'est quoi, ces murs ? Attends, j'étais en train de rêver à Mireille. C'est plate, c'était juste un rêve. Avant... Ah oui ! Je suis à l'Insectarium ! Oh ! que j'ai eu mal au cœur. Hé, m'as-tu vu la main ? Elle est vraiment très enflée. Une piqûre ? C'est vague dans mon souvenir.

« Mais où est Philibert ? Il devait juste mouiller son gant pour me faire une compresse froide, c'est tout. Ah ! là, là ! Toujours à traîner. Bon. Je pense que je suis mieux d'aller à sa recherche avant qu'il m'oublie.

« Par où je commence ? »

CHAPITRE 6

Rouler dans la farine

Dans les pommes, Saladin n'est d'aucune utilité. Philibert regarde l'insecte s'approcher en espérant l'inspiration ultime qui le sortirait de là. Il ne peut passer entre ses pattes ou sous elle pour atteindre la porte. Il n'y a aucune fenêtre.

« Je peux gagner du temps sous la table. » Il s'y glisse, mais le monstre a tôt fait de la faire voler en éclats sur un mur. Il empoigne une chaise et s'en sert comme un dompteur de lion :

— Arrière !

Le coléoptère éclate de rire :

— Tu penses me faire peur ? Pauvre imbécile ! Ne vois-tu pas que ton heure est venue ? Vous ne mangerez pas mes enfants...

— Jamais, je vous le jure !

— Qu'importe !

C'est à cet instant que l'idée de génie tant attendue surgit dans la tête de Philibert. Il saisit le sac de farine tombé par terre et le vide sur sa tête. Les larves qui y vivaient tombent dans ses cheveux, dégringolent dans son cou, sur son chandail ; certaines tombent sur son nez, d'autres essayent d'entrer dans ses oreilles. Des dizaines de bébés ténébrions rampent sur le corps de Phil et en voilà un qui colle à ses lèvres alors qu'il ouvre la bouche :

— Si vous m'attaquez, ils périront tous dans la bataille, car je ne me laisserai pas faire.

La mère recule d'un pas, hésite, semble réfléchir, puis :

— Tu te crois bien fort, hum ? Si ceux-là meurent, je n'ai qu'à en pondre mille autres ! Au moins, ils seront vengés.

La bête saute sur Philibert qui repousse comme il le peut la mâchoire qui veut le déchiqueter.

***

« Je n'ai rien trouvé au premier étage, ni au rez-de-chaussée. Il y a bien cet escalier qui descend, mais il me semble que mon petit frère ne s'aventurerait jamais dans un sous-sol sombre sans que j'y sois pour veiller sur lui. Mais bon, allons-y par acquit de conscience. »

C'est à ce moment qu'il entend un bruit de chaînes qu'on agite et d'une porte qui s'ouvre. Un homme en combinaison de peintre en bâtiment entre :

— Qu'est-ce que tu fais là, toi ? lance-t-il sévèrement à Olivier en le voyant.

Un cri lui évite de répondre :

— Ça vient d'en bas ! Philibert !

Ils s'y précipitent.

***

La bête est morte sur lui. Pourtant Phil n'a rien fait. Elle a cessé de vivre, comme ça, en poussant un dernier cri. « Deux mois, a-t-elle dit. Elle avait certainement atteint la fin de sa vie », pense le garçon, en haletant. Il se dégage, tandis que Saladin reprend conscience après sa chute :

— Que s'est-il passé, fiston ?

— Fiston? Vous commencez à m'apprécier, on dirait.

— Elle est morte?

— Oui.

— Alors, cette recette aux tomates? Il y en aura pour deux!

La porte s'ouvre. Le travailleur et Olivier entrent en trombe.

— Phil, qu'est-ce qui se passe ici? Pourquoi es-tu couvert de farine?

— Vite comme ça, c'est un peu compliqué à expliquer. Mais toi, tu es enfin réveillé! As-tu de la fièvre, des frissons, Olivier?

— Non, pourquoi?

Le peintre sort son téléphone cellulaire de sa poche:

— J'appelle la sécurité.

Philibert entraîne son frère vers Saladin qui est déjà en train de déguster des larves mélangées aux tomates de la boîte de conserve ouverte avec son sabre.

— Olivier, je te présente Saladin, le héros de tous les musulmans.

— Qui?

— Saladin. Tu voulais qu'on le rejoigne!

— Il n'y a personne, Philibert.

Pourtant, Philibert le voit très bien.

— Il est là ! En train de manger des ténébrions !

— Non, Phil.

— Mais... vous, monsieur, vous voyez quelque chose ?

— Je vois un gars plein de farine et une cuisine à l'envers. Tu as besoin d'avoir de très bonnes explications, mon gars. Attention, tu as un ver dans le cou.

Au moment où un agent de sécurité arrive du jardin botanique voisin, les deux garçons disparaissent.

***

Olivier inspecte le cou de Phil :

— Toute une morsure ! Ce doit être la cause de tes hallucinations.

— Je te dis que j'ai vu Saladin, qu'on a parlé, qu'il aime les insectes ! Je te dis que je me suis battu avec un ténébrion géant !

— Mais oui, je te crois, répond Olivier pour apaiser son frère.

— Toi aussi, tu as été piqué. Par la mouche du sommeil, figure-toi. Il faut aller à l'hôpital tout de suite pour te faire soigner.

— Je n'ai rien, Phil, pas de fièvre, pas de tremblements, rien. Une vulgaire piqûre de maringouin. Regarde, ma main est déjà désenflée.

Quoi qu'il soit arrivé, Olivier évite de dire à Philibert qu'il est jaloux, qu'il aurait mieux aimé avoir les « hallucinations » de Philibert que de tomber endormi et ne rien vivre, encore une fois. Il ajoute :

— Ce voyage est très bizarre. Je ne vois pas où était l'élément absurde. J'ai dû me tromper dans ma recette.

Philibert se rend à la salle de bain pour prendre une douche avant que les parents reviennent. Dans la baignoire, un ou deux insectes morts disparaissent dans le renvoi d'eau. Il s'habille, se coiffe un peu.

Il se rend dans la cuisine et jette le sac de farine de sarrasin qui traînait toujours sur le comptoir. La porte s'ouvre sur sa mère, le visage plein de boue.

— Bonjour, mon garçon ! Ouf ! Quelle escalade ! Vous devriez nous accompagner au lieu de rester à ne rien faire toute la journée.

Son père entre à son tour :

— Salut, fiston. Tiens, tu t'es enfin décidé à enlever tes gants ?

— Je crois que je n'ai plus de passion pour les insectes. Terminé.

Le soulagement se lit sur le visage des parents. Philibert leur rend leur sourire, en regardant ses mains, satisfait : son auriculaire est revenu.

Disgrey World

CHAPITRE 1

Qui n'en a pas rêvé ?

Olivier n'a jamais voulu croire que j'avais vraiment vu Saladin. Il dit que c'est impossible puisque la recette ne nous permet pas de faire apparaître des gens venus d'ailleurs. Je veux bien admettre que j'ai eu des hallucinations, mais mon auriculaire est bel et bien revenu comme me l'avait promis Saladin.

« Il s'est remis en place comme il devait le faire », a affirmé mon frère.

Ouais. N'empêche.

Ce qui me chicote aussi dans cette aventure, c'est d'avoir pensé à Justine, une fille de ma classe. Elle est plus grande que moi ! Où est Justine, en ce moment ? Pendant que la fin de semaine s'étire en congés pédagogiques — trop nombreux, selon mes parents —, Justine s'est envolée avec ses parents pour Disney World.

— Disney World ! Je rêve d'y aller ! Mon frère aussi d'ailleurs, même s'il a quinze ans. Il y a plein de manèges qu'on aimerait essayer. Mais ce n'est pas tellement le genre de mes parents, qui sont assez âgés comme je l'ai déjà dit. Ils aiment mieux faire le tour de la Gaspésie. Je n'ai rien contre, mais ça fait dix fois qu'on y va. Et puis, un voyage pour quatre personnes à Disney World, c'est quand même cher.

Voilà Olivier qui débarque dans le salon.

— Qu'est-ce que tu fabriques, petit frère ?

— Je mange des biscuits et je joue à Zombies des égouts.

— As-tu envie d'un petit voyage ? D'un VRAI voyage ? Les parents s'en vont choisir de la peinture pour le sous-sol à la quincaillerie.

— Ils en ont pour des heures !

C'est vrai : je ne sais pas pourquoi, mais chaque fois qu'ils vont à la quincaillerie, même si c'est juste pour acheter des clous, mes parents font toutes les allées, regardent les poignées d'armoire, les tuyaux de lavabo, les planchers à coller, tout ce dont ils n'ont pas besoin pour le moment. C'est comme s'ils entraient dans un magasin de jouets. Parfait pour nous.

— Tu veux aller où, Phil ? C'est à ton tour de décider.

— J'étais en train de penser à Disney World.

Juste à cet instant, qui arrive sans s'être annoncée ? Jeanne, ma demi-nièce.

— Qu'est-ce que j'entends ? Vos parents vous emmènent à Disney ?

— Non, on parlait, dis-je, l'air de rien.

Jeanne, qui est dans le secret et qui a même voyagé avec nous, devine tout de suite :

— J'y vais avec vous ! Je rêve d'y aller !

Impossible de dire non : Jeanne a toujours brandi la menace de tout révéler. Mais finalement, j'aime bien quand elle est là. Puis, Disney, ce n'est pas bien dangereux. Quoiqu'on ne sait jamais, avec cet inconnu qu'est l'élément absurde dans nos voyages...

Olivier ne veut pas me révéler les ingrédients de base pour concocter la potion qui nous fait voyager, même si c'est moi qui, la plupart du temps, trouve les ingrédients spéciaux. C'est un peu imprudent : s'il devait rester prisonnier quelque part, comment pourrais-je aller le chercher?

Hum. Pas évident cette fois-ci de trouver ce qu'il faut pour aller à Disney World. Décortiquons le nom:

— Dis-ney. Ça donne aussi dix-nez.

— Dix! Ça, c'est facile, lance Jeanne.

— Oui, mais, que fait-on pour les nez? demande Olivier. Des poils de souris seraient un meilleur choix. Souris pour Mickey Mouse, non?

J'adore mon frère, mais il manque totalement d'imagination.

— Comme si on avait des souris sous la main! Voici comment nous pourrions régler notre problème: nous avons un beau sac rempli de biscuits.

Olivier attend la suite, intrigué:

— Oui, et après?

— On grignote les biscuits en forme de nez. Jeanne, trois, toi, trois, et moi, quatre, ça fait dix. On les fait tremper dans la potion, ça deviendra mou et on pourra l'avaler.

— T'es génial, Phil, me dit Jeanne.

Elle m'embrasse sur le dessus de la tête. Ce n'était vraiment pas nécessaire...

Olivier n'a pas de meilleure suggestion et c'est ainsi qu'on procède. Mais il a une hésitation:

— On veut bien aller à Disney World ? En Floride ? Comment être certain qu'on ne tombera pas à Disneyland, en Californie ?

Jeanne se lève, va à la cuisine. Elle revient avec du jus d'orange :

— Oranges de la Floride. Nous aussi, on achète toujours ce jus-là. Ça ira ?

Elle m'impressionne ! Juste pour ça, elle mérite de venir avec nous.

Dix minutes plus tard, nous sommes prêts à déguster notre potion qui, pour une fois, a vraiment bon goût.

Nous trinquons à notre nouveau voyage, sous le regard neutre de Velcro qui vient de s'affaler à mes pieds.

— Moi, c'est le Magic Kingdom qui m'attire, dit Jeanne.

— Moi, c'est Epcot, dit Olivier.

— Moi, je veux tout voir, la maison hantée, les décors de Star Wars, les pirates. J'irais même voir le château de Cendrillon, c'est pour dire !

Nous commençons à nous dématérialiser. Je suis absolument certain qu'on se rendra à destination : on ne s'est trompés nulle part, aucune bestiole n'est tombée dans la potion et ni les biscuits ni le jus n'étaient périmés. Évidemment, l'absurde nous guette, mais ça, on s'y attend.

Et puis nous y voilà !

Tout est comme à la télé ! Comme sur le site Internet ! Mais en mieux. En trois dimensions, en grand, en vrai ! Des Mickey Mouse, Goofy, Donald Duck géants se promènent en distribuant les caresses aux... Tiens, c'est drôle. Il y a tout un voyage de grands-mères et de grands-pères qui se pressent pour embrasser Mickey. C'est mignon. Après tout, ce n'est pas parce qu'on est vieux qu'on n'a pas le droit de s'amuser.

— Olivier, il est né quand, Mickey ?

— 1928.

— Ah ! C'est pour ça. Ces gens-là ont connu Mickey quand ils étaient petits.

Nous nous installons sur un banc, à l'ombre, pour planifier notre visite. C'est alors qu'on entend derrière nous :

— Cachez-vous !

Nous avons appris à réagir vite lors de nos voyages, car il s'y passe bien des choses étranges. On saute derrière le banc. Blanche-Neige s'agenouille avec nous :

— Vous êtes fous d'être ici ! dit-elle avec une voix d'homme.

— Fous ? dit-on en chœur.

— Vous n'avez pas vu, à l'entrée ?

Moi qui ai des yeux de lynx, je peux voir l'écriteau : INTERDIT AUX ENFANTS. Avec une tête de mort à côté.

CHAPITRE 2

Le pouvoir gris

« Nous devons être dans le futur », a conclu Philibert. Blanche-Neige n'a pas compris la signification de cette petite phrase, mais elle s'est empressée de donner des explications à ces visiteurs probablement et, surtout, non informés.

— Les personnes âgées forment aujourd'hui la majorité de la population et ce sont eux qui font la loi. Ils ont commencé par interdire les enfants dans les rues autour de chez eux. Ils font trop de bruit, disent-ils. Puis ils ont banni les balançoires des parcs parce que, selon eux toujours, ça attire les gangs d'ados, le soir. Naturellement, ils ont peur que ces jeunes arrachent leurs fleurs, sonnent aux portes pour leur faire peur et lancent des roches dans leurs fenêtres.

« Après, ils se sont plaints que les jeunes roulaient trop vite sur les pistes cyclables. Ne sont permis maintenant que les vélos à trois roues grandeur adulte.

« L'idée suivante fut de construire les écoles dans des zones industrielles, histoire d'éloigner les cris des récréations qui perturbent les siestes d'après-midi de l'âge d'or. Les piscines publiques ont changé leurs horaires : les enfants y sont admis après 20 h seulement, parce qu'ils font trop de vagues.

« La présence de certains jeunes est tolérée dans les repas de famille ou au restaurant, pourvu qu'ils restent assis trois heures à table sans parler et sans se dandiner sur leur chaise. La seule amélioration réelle dans ce nouvel ordre est le nombre croissant de pâtisseries qui apparaissent à tous les coins de rue. Plus les gens vieillissent, plus ils aiment le sucré. La dernière trouvaille, c'est d'interdire Disney World aux enfants. »

— Eh bien... voilà qui est complètement absurde, n'est-ce pas ? lance Philibert à Olivier et à Jeanne.

— Mais pourquoi une tête de mort? demande Jeanne. C'est un peu fort, il me semble.

— Chut! murmure Blanche-Neige.

Tout le monde se cache du mieux qu'il peut. Deux vieillards s'approchent lentement, l'un marchant avec une canne, l'autre conduisant une voiturette électrique. Ils s'arrêtent pour se reposer un peu et le monsieur à la canne en profite pour examiner les alentours avec des jumelles:

— D'habitude, le samedi, il s'en faufile toujours un ou deux qui se pensent plus intelligents et plus vites que nous.

— Ouais.

— Le nouveau dispositif intégré des jumelles qui capte les sécrétions d'hormones est vraiment très efficace pour les repérer. On les voit même à travers leurs déguisements.

— Ouais.

— Je t'ai dit que j'en ai capturé deux, une déguisée en Cendrillon, l'autre en Jack Sparrow.

— Oui, tu me l'as déjà dit douze fois.

— Oh! Je commence à me répéter, on dirait. Bon, rien à l'horizon. On y va.

L'homme range ses jumelles et reprend péniblement sa marche, suivi du petit véhicule.

— Les sécrétions d'hormones ? demande Olivier.

— Oui, vous avez été chanceux qu'il ne regarde pas dans votre direction. Un halo rouge apparaît dans la lentille à partir d'un certain niveau d'hormones ; les personnes âgées n'en produisent presque plus. Retournez chez vous.

— Euh... c'est que... on ne peut pas, répond Philibert.

Blanche-Neige semble réfléchir, car elle ne dit rien pendant un moment. Il est évidemment impossible de lire dans son regard puisqu'une tête en peluche couvre son vrai visage.

— Pas de parents ?

— Pas ici, dit Jeanne.

— Attendez-moi sans bouger. SANS BOUGER ! C'est clair ?

Philibert commence à trouver le ton de Blanche-Neige quelque peu alarmant :

— Mais que peuvent-ils nous faire, à part nous jeter dehors ?

— Des choses innommables !

Blanche-Neige s'éloigne, le plus naturellement possible. Une troupe de vieux Japonais qui portent tous des oreilles de Mickey l'entourent en riant et se font photographier en sa compagnie.

Quand la méchante reine de la Belle au bois dormant fait son apparition, les Japonais courent — enfin ceux qui peuvent — vers elle, ce qui permet à Blanche-Neige de s'éclipser.

Jeanne, Philibert et Olivier sont sous le choc. Que veut dire « innommables » ? L'idée peut être terrifiante : deviennent-ils des esclaves ? sont-ils jugés ? mis en prison ?

Philibert sait bien que les hypothèses les plus farfelues sont possibles dans le monde de l'absurde et qu'il ne faut en écarter aucune.

— Tu te souviens, Olivier, à New York devenue santé, dans le futur : des gangs faisaient la contrebande de gras saturé et de chips. Ils voulaient MON gras, enfin le peu que j'ai et celui de Velcro.

— Vous connaissez l'histoire de la comtesse Bathory ? enchaîne Jeanne. Elle cherchait l'éternelle jeunesse dans le sang de jeunes filles.

— Ouache ! J'ai de la misère à penser que ces vieux-là s'adonnent à ce genre de comportement, qui n'est qu'une légende, soit dit en passant, affirme Olivier. Ce qui me chicote, moi, c'est de savoir qui est Blanche-Neige.

C'est exactement la question qui tourne dans la tête de Philibert :

— Un jeune ? Un vieux qui veut sauver les innocents ? À moins qu'il veuille nous piéger ?

— Des grands-parents barbares, je ne peux pas y croire, dit Jeanne.

Trois vieilles dames affublées de chapeaux des bonnes fées de la Belle au bois dormant s'approchent du banc et s'y assoient. Elles s'éventent avec un plan du parc en soupirant.

— Ouf ! Il fait vraiment chaud ! dit l'une.

— Oui. Quand je pense qu'auparavant, il y avait des milliers d'enfants qui couraient partout et qui criaient comme des déments ! On n'aurait jamais pu visiter le bateau de pirates en paix, dit l'autre.

— Moi qui ai été directrice d'école pendant trente ans, je dois dire que je n'endure plus un enfant ! Je ne les ai JAMAIS endurés, d'ailleurs.

Philibert tend l'oreille. Il trouve cette phrase abominable et il se retient de sortir de sa cachette pour dire à cette femme qu'elle aurait dû choisir un autre métier !

La dame enlève son chapeau pour s'éponger le front. Philibert est frappé par ses yeux. Il a une impression de déjà-vu. « Un bleu unique, qui a ces yeux-là ? » Il cherche dans sa mémoire, passe en revue toutes les femmes aux yeux bleus qu'il connaît, mais aucune ne correspond. « Pourtant, je connais ces yeux-là, ça me frustre au max... »

Olivier retient son souffle. Jeanne se pince le nez pour ne pas éternuer.

La vieille dame se penche pour chercher une bouteille d'eau dans son sac. Philibert voit son visage de plus près et c'est à ce moment qu'il la reconnaît.

Son cœur se met à battre très vite, tellement il est sous le choc. « Mais oui ! Nous sommes dans le futur, cela ne fait plus aucun doute, maintenant. » Il a très, très hâte de partager sa découverte avec Olivier et Jeanne.

Le temps semble s'éterniser. Blanche-Neige ne revient pas encore. Au bout d'un long moment, la vieille dame remet son chapeau, range sa bouteille et repart avec ses compagnes. Il faut attendre quelques minutes avant qu'elles soient assez loin pour ne pas les entendre.

Jeanne ouvre la bouche avant Phil :

— C'est bizarre, elle a quelque chose de familier.

C'est là que Philibert lance sa trouvaille :

— Et pour cause : c'est toi.

CHAPITRE 3

Qui veut savoir l'avenir ?

La nouvelle est tombée comme une bombe. Jeanne, directrice d'école ? Elle veut devenir chanteuse ! En plus, l'école, ce n'est pas trop son genre. Si on ajoute « directrice qui n'aime pas les enfants », là, c'est la honte. Elle projette de travailler l'été prochain dans un camp de vacances.

La pauvre est catastrophée et je la comprends : personne ne veut devenir directeur d'une école. À la mienne, il en est passé trois depuis un an ; ils partent tous pour cause de maladie, plus précisément de dépression. Pourtant, nous sommes si gentils... Nous, les élèves de première secondaire, en tout cas. Les troisième secondaire le sont moins, il paraît. Mais bon.

Le pire, c'est que la vieille dame Jeanne était grosse. Ça, Jeanne jeune ne supporte pas. Elle pleurniche :

— Croyez-vous qu'on peut changer l'avenir ? Maintenant que je sais quel est mon futur, est-ce que j'ai le droit de changer le cours des choses ?

— Bonne question, répond Olivier. Selon moi, non.

Jeanne éclate en sanglots. Ce n'était pas très intelligent de répondre ainsi.

— Moi, je pense que oui. Après tout, même si on voyage dans le temps, on voyage aussi dans l'absurde. Peut-être que l'élément absurde de ce voyage, c'est toi, en grosse directrice à la retraite ?

Ouais, je vois bien qu'elle ne me croit pas.

Mais voici Blanche-Neige qui revient, pas seule. Quatre des nains de Blanche-Neige l'accompagnent.

— Mettez ça ! ordonne Blanche-Neige.

Elle nous tend des costumes de nains.

— Avec nous, ça fera le compte. Les sept nains, dis-je.

J'enfile mon costume du nain Grognon. Olivier est Simplet — parfait pour mon frère —, Jeanne est Joyeux

— tout le contraire de ce qu'elle est en ce moment. Blanche-Neige le remarque :

— Qu'est-ce qu'elle a ?

— Euh… un petit problème de poids, c'est tout.

Elle semble surprise ; c'est normal, Jeanne est plutôt mince. Elle nous fait signe de la suivre.

En chemin, je suis pris en photo par un groupe de l'âge d'or dont les membres portent un dossard orange pour se reconnaître. On dirait une garderie…

Une foule se presse dans les jeux des tout-petits, le carrousel, le train à vapeur, les bateaux-cygnes.

Nos guides nous entraînent au parc Epcot où nous croisons des extraterrestres, faux, bien entendu. Nous entrons dans un véhicule spatial et nous prenons place dans des sièges de spectacle. Un écran s'allume et nous voilà chacun aux commandes du vaisseau. Mais pas pour longtemps. Dans le noir, nous disparaissons par des trappes dans le plancher.

Nous sommes tombés dans une salle sans fenêtres. Un fauteuil abîmé, une table, quelques chaises. Un comptoir sur lequel une bouilloire siffle. Un personnage de Star Wars, Yoda, verse l'eau bouillante dans une théière et y plonge des sachets de tisane.

Il est grand temps d'avoir une ou deux informations de base :

— Puis-je vous demander qui vous êtes et ce qu'on fait ici ?

— Oui, on aimerait savoir, renchérit Olivier.

— Oui, pas mal, insiste Jeanne.

Blanche-Neige enlève ses gants en peluche ; elle a des mains comme celles de mon grand-père, avec des doigts pleins d'arthrite et des taches. Elle n'enlève pas son masque.

— Nous sommes les GPS.

— Hein ?

— Les Grands-Parents Solidaires. Nous sommes un groupe de résistants en désaccord avec les règlements sévères qui excluent les enfants un peu partout. Nous avons tous des petits-enfants que nous aimons et le bruit qu'ils font nous plaît plutôt. D'autant plus que nous sommes à moitié sourds pour la plupart.

— Pourquoi garder votre tête de Blanche-Neige ?

— Nous ne pouvons pas révéler notre identité : nous sommes des révolutionnaires clandestins.

Au tour d'Olivier :

— Est-ce que tous les personnages costumés font partie de votre groupe ?

— Non. Nous sommes très peu nombreux. Nous nous reconnaissons par un signe secret que je ne peux évidemment pas vous dévoiler.

— Quelle est votre tâche ? demande Jeanne.

— Sauver les enfants qui s'aventurent dans le parc. Plusieurs se pensent bien rusés et ils ne savent pas à quels dangers ils s'exposent.

À mon tour :

— Vous avez dit « innommables ». Pouvez-vous préciser ?

Une porte s'ouvre avec fracas :

— C'est avec un immense plaisir que je vous en ferai faire l'expérience.

Une douzaine de soldats font irruption dans la pièce. À part le costume militaire, on dirait les joueurs de pétanque du club auquel appartient ma grand-mère maternelle. Tous les samedis, elle se pointe au terrain derrière l'aréna municipal, son sac de boules à la main, et elle passe l'après-midi à jouer avec ses amis, ou adversaires. Elle est redoutable, ma grand-mère, championne de sa division.

Elle est très vieille, quatre-vingt-cinq ans, et ses copains sont du même âge.

Les soldats devant moi sont un peu ridicules. L'un est voûté, l'autre n'arrête pas de trembler. Il y en a un qui ne doit pas voir grand-chose avec ses lunettes ultra-épaisses qui glissent sur le bout de son nez. Sauf que, à la différence des amis de ma grand-mère, aucun ne sourit. Ils affichent même des regards assez durs.

Le chef s'approche de Blanche-Neige :

— Ça fait longtemps qu'on te suit, tu peux enlever ton casque, Kevin.

Kevin ? Ce n'est pas un nom de grand-père, ça ! Mais il est vrai que nous sommes dans le futur. Kevin s'exécute. Il a l'air tout gentil, on dirait le père Noël avec sa courte barbe blanche. Il a un piercing sur une narine, une pierre verte. Impossible d'imaginer mon grand-père avec une pierre dans le nez.

Courageusement, Kevin s'interpose entre nous et le chef :

— Vous ne les toucherez pas ! Vous avez fini de soumettre les pauvres enfants à des conséquences graves pour eux !

— Ils le savent depuis la garderie : on transgresse le règlement, on a une conséquence. Pousse-toi.

Le pauvre Kevin devient soudainement tout pâle :

— Mon cœur !

Il s'affale sur une chaise et la vieille dame cachée sous son costume de Yoda vient à son secours.

Moi, je pense qu'à nous trois on va facilement venir à bout de cette troupe d'ancêtres.

CHAPITRE 4

La ronde des jeux

C'est aujourd'hui que Philibert a appris la signification de l'expression « encore vert ». Lui qui croyait avoir affaire à des muscles absents, des articulations rouillées et une coordination déficiente, il a eu à combattre des presque centenaires vigoureux, enfin plus vigoureux que lui, Olivier et Jeanne.

Au premier essai pour se faufiler dehors, un monsieur chauve leur a barré la route avec une souplesse étonnante.

Quand Olivier a voulu lever les poings et boxer avec le chef, il a eu droit à un immense éclat de rire et, avant qu'il puisse réagir, son bras droit était tenu solidement derrière son dos.

Jeanne a sauté sur celui de l'homme à lunettes qui lui a immédiatement attrapé les pieds et l'a calée au sol.

Philibert, voyant les dégâts, a tenté de négocier :

— Je vois que vous êtes forts, très forts. Quel est votre secret ?

— Il n'y a rien comme les épinards modifiés génétiquement ! Nous décuplons la dose recommandée, c'est tout, a répondu le chef. Tu as d'autres questions avant qu'on vous emmène ?

— Oui. Que diriez-vous de vous contenter de nous laisser partir gentiment ?

— Et pour quelle raison serais-je si gentil avec des contrevenants ?

— Parce que nous n'étions pas au courant de l'interdiction d'entrer sur le site.

Comme Philibert s'y attendait, le chef l'a traité de menteur. Ce qui lui a valu la promesse d'un traitement spécial pour lui.

Mais il ne s'attendait pas à ce que Jeanne, Olivier et lui soient séparés.

***

Olivier est enfermé dans une pièce vide. Sur les murs, il peut voir ici et là des carrés sombres percés de dizaines de trous. Soudain, une voix lui parle :

— Je vais t'apprendre à désobéir ! Tu me demanderas grâce bien vite !

Olivier a de quoi s'inquiéter, évidemment :

— Mais nous ne vous avons rien fait !

— Silence ! J'ai choisi pour toi le plus intolérable, le plus monstrueux, le plus diabolique traitement qu'on puisse administrer à quelqu'un ! Ha, ha, ha, ha, ha !

Olivier se demande si la pièce ne va pas rétrécir et l'écraser. À moins qu'on envoie des gaz mortels. Il déglutit, il a peur.

Un grésillement se fait entendre, puis... une musique *heavy metal* commence à jouer à tue-tête.

« Ce sont des haut-parleurs, il y en a partout, comprend Olivier. Hé ! Ça ressemble au groupe Loup-Garou des pistes cyclables ! »

La voix se fait entendre :

— On va voir combien de temps tu supporteras ça sans devenir fou !

***

Jeanne se retrouve dans un manège; le Big Bang est coté « émotions fortes ». Quelqu'un lui crie dans un mégaphone:

— Combien de temps penses-tu pouvoir tenir sans avoir mal au cœur? Hum?

— Je ne sais pas trop...

— Sans vomir sur tes jolies chaussures?

— J'ai pas mal d'endurance...

— On verra!

Le manège se met en branle.

***

Voilà Philibert dans le noir. Le chef vient de le laisser dans la Maison hantée en lui disant: j'espère que tu as des nerfs solides.

Il avance à tâtons, à petits pas. « Quels plans démoniaques ces dérangés de l'âge d'or ont-ils échafaudés pour se débarrasser de moi? se demande-t-il. Où sont Jeanne et Olivier? »

C'est à cet instant que les mains d'un squelette se referment sur lui.

— AHHHHHHHHHHHHHHHHH! s'écrie Philibert, alors que son cœur cogne dans sa poitrine.

Il se libère en tremblant de l'emprise du tas d'os cliquetants et fonce en avant en courant. Il s'arrête très vite cependant, pour reprendre son souffle. « Qu'y a-t-il devant moi ? »

Une faible lueur brille à sa gauche. Philibert cesse de respirer. Il entend un sifflement. Il recule de quelques pas, mais la lueur le rejoint d'un bond et un serpent long de deux mètres glisse entre ses pieds.

Philibert hurle de frayeur et détale.

Soudain, il entend un chant. Une berceuse. Une voix douce comme celle de sa mère. Il fouille la noirceur du regard.

— Bonjour.

Philibert se retourne : une femme est là, souriante, mais ses pieds flottent dans les airs. Elle est sans substance, sans épaisseur... un fantôme.

Philibert recule. Elle lui tend une coupe en étain remplie d'un liquide bouillonnant qu'elle lui offre de boire. Philibert frappe le verre qui va rouler dans les ténèbres et il se sauve à toutes jambes.

Il entre en collision avec un corps sans tête, continue de courir et se heurte à une grille cadenassée. Une main tenant une clé approche, puis, sortant de l'ombre, une vieille dame à la peau blanche et aux lèvres rouges. Philibert n'aime pas son allure. Elle ressemble trop à une... vampire.

Tandis qu'elle rit en découvrant ses crocs, Philibert se pense perdu. Les effets de la potion ne disparaîtront pas maintenant, il le sait bien. Il sait aussi que le personnage ne lui donnera pas la clé sans demander quelque chose en échange. Fera-t-elle de lui un vampire ?

Est-ce ainsi que les vieux fous se débarrassent des enfants ?

Il prend une grande inspiration pour essayer de calmer ses tremblements et l'idée que tout ceci n'est qu'une mise en scène lui traverse enfin l'esprit. « Ils essaient simplement de me faire peur. C'est un jeu. Ce ne sont même pas ses vraies dents. »

Il tend le bras et tire sur une canine ruisselante.

Elle reste bien en place.

Oups.

CHAPITRE 5

Sorties de secours

Ça surprend vrai ! Je veux dire toucher à des canines de vampire ! Enfin, je ne sais pas si elles sont vraies ou fausses, car je ne resterai pas pour m'en assurer. Ce que je peux affirmer, c'est qu'elles ont l'AIR vraies. Elles sont restées bien en place, aussi solides que les miennes.

Je crois que la vampire de l'âge d'or a été aussi surprise que moi. Elle ne s'attendait certainement pas à ce que je lui touche les dents. Elle a sursauté et — oh, c'est là que ça devient génial — elle en a échappé sa clef ! Vite, Philibert, c'est ta chance.

Je l'ai. Euh... Mémé-chauve-souris n'est pas contente. Aïe ! Quelles dents ! Mais c'est qu'elle fonce sur moi ! Sa cape !

J'en attrape le bas, l'enroule dedans. C'est le moment.

Où est la serrure ? Là. Bien. Mets la clef dedans. Arrête de trembler, nono, tu n'y arriveras pas !

Elle s'est dépêtrée de son manteau :

— Quel est ton groupe sanguin, mon garçon ?

Ne réponds pas et tourne la clef, tourne !

— Tu ne veux pas me le dire ? Ça ne fait rien, j'aime autant les O que les A que les B que les AB. Je suis receveur universel !

Elle va sauter sur moi. Allez, Phil !

Clic !

***

— Tu en as assez, maintenant ?

— De la musique de Métallique ? Jamais ! J'adore !

***

— Alors, on demande pitié ?

— Je ne pouvais pas imaginer que le Boomerang serait si super ! Encore !

***

J'ai fermé la porte derrière moi et j'ai gardé la clef. La vampire ne s'est pas transformée en chauve-souris et n'a pas essayé de me suivre. J'ai couru, j'ai trébuché sur quelque chose de gluant, mais je ne me suis pas arrêté pour voir ce que c'était. Me voici sur un étroit trottoir, éclairé par des bougies électriques.

Où sont Jeanne et Olivier ? Il faut que je sorte d'ici pour les retrouver ! Sont-ils en danger, comme moi ? En train de me chercher ?

— Olivier ! Jeanne ! Vous m'entendez ?

Pas de réponse. Je n'entends que des gouttes d'eau qui tombent du plafond. C'est très humide. Hé ! Mes souliers ! C'est plein d'eau par terre. Mais ? Qu'est-ce que je vois ? Le mot SORTIE.

Euh... deux mots SORTIE. Un à gauche, un à droite. Où aller ?

Dans les histoires, ce genre de situation est classique : il existe une vraie sortie et l'autre est un piège. Dans les histoires aussi, le héros ferme les yeux, respire profondément et essaie de faire le vide dans sa tête pour laisser la place à son intuition. Le problème, c'est que je n'en ai pas !

En jouant aux cartes avec mon frère, j'ai souvent essayé de deviner laquelle il tenait dans sa main.

En moyenne, je fais cinquante-deux erreurs sur cinquante-deux cartes. Donc, si spontanément j'allais à droite, il serait judicieux de prendre à gauche. Sauf que. Peut-être que cette fois-ci, puisque je suis en danger et non dans un jeu, mon intuition se réveille ? Et peut-être que la droite est la bonne sortie ? Ah ! là, là...

— Tu as un problème, petit ?

L'être qui apparaît est un grand-père qui semble tout à fait normal.

— Je ne sais pas de quel côté aller.

— Si tu réponds à ma devinette, je te dirigerai vers la sortie.

— Sinon ?

— Dans dix minutes, la lune se lève et je me transforme en loup-garou. Il ne restera pas grand-chose de toi.

Normal, je disais... Dix minutes.

— Allez-y.

— Mon premier miaule. Mon second se dit. Mon tout est un animal à une bosse.

Il veut rire de moi ?

— C'est facile : un chat-mot. Chameau. Sauf que le chameau a deux bosses, vous faites erreur dans votre devinette. Je vais à gauche ou à droite ?

— Erreur ? Moi ? Le chameau n'a qu'une bosse. C'est le dromadaire qui en a deux.

— Mais non, c'est le contraire.

— Tu penses que je me trompe ?

Il n'a pas l'air content :

— Ça arrive à tout le monde, c'est pas grave.

— Tu penses que, parce que je suis vieux, je me trompe dans mes mots ?

— Je n'ai jamais dit ça ! Mais ça se pourrait. Par exemple, mon père oublie parfois des noms de personnes qu'il connaît. Mon grand-père, ce sont des mots simples qu'il a sur le bout de la langue.

— Tu insinues que je perds la mémoire ?

Son regard ne me dit rien de bon, je sens que ça va mal finir.

— Non, je... Écoutez, pourquoi pas une autre devinette ? Hum ? On efface tout et on recommence, on a un bon cinq minutes devant nous.

J'espère qu'elle sera aussi facile.

— OK. Mon premier se mange. Mon deuxième est propre. Mon tout en compte neuf dans le système solaire.

— Plat. Net. Planètes !

— Bravo, mon garçon. Tu devras prendre la sortie de...

— Je veux juste vous préciser qu'il n'y a que huit planètes dans le système solaire, enfin huit grosses, car Pluton a été classée planète naine avec quatre autres.

— Pardon ?

Je crois que j'aurais mieux fait de me taire... Pourtant, il devrait savoir ça, c'est connu depuis longtemps...

— Tu m'insultes encore une fois. Tu as manqué ta chance...

Oh non ! Du poil lui pousse dans les oreilles ! Sur le front ! Sur ses mains ! C'est un vrai loup-garou ! Sauve qui peut !

Je prends la sortie la plus proche, on verra !

— Psst ! Par ici !

— Hein ?

L'être devant moi a des coutures sur le visage et du sang sur les mains. Pas question de le suivre.

J'avance et... j'arrête sec. Il y a une crevasse devant moi. Je suis coincé.

— Par où ?

L'être me tire par la manche et m'entraîne derrière une porte dérobée qui se referme sur le loup-garou en furie.

CHAPITRE 6

Changement de direction

Lorsque l'être aux coutures sur la peau enlève son masque, la surprise de Philibert est grande.

— Jeanne ????

L'autre l'est tout autant :

— Comment sais-tu mon nom ?

Philibert a devant lui la directrice d'école qui n'aime pas les enfants.

— Je... euh... qu'allez-vous me faire ?

Elle lui sourit gentiment.

— Te sortir de là.

— Vous faites partie des GPS ?

— Oui. Ma tâche est d'infiltrer l'ennemi. Et d'aider les enfants une fois qu'ils sont capturés. Viens.

Jeanne-la-directrice entraîne Philibert dans un tunnel. Quand elle lui annonce qu'il sortira du site, Philibert s'arrête net : il ne peut pas partir sans Jeanne et Olivier.

— Je ne te laisserai pas retourner là-bas, jeune homme. Je te sors d'ici et j'irai à leur recherche après.

— Pas question.

Philibert est bien déterminé à rebrousser chemin. Mais voilà que ses mains perdent de leur consistance.

— Je disparais !

— ????

— Je ne peux pas vous expliquer, c'est trop long ! Mais je veux savoir : les personnages de la Maison hantée étaient-ils des vrais ? Et que fait-on avec les enfants une fois qu'on les a attrapés sur le site ? Vite !

***

— Une voix fatiguée demande à Olivier pour la vingtième fois dans le micro :

— Alors, tu en as assez, non ?

— Assez ? Bruits d'enfer est MON groupe préféré ! Pour une fois que je peux l'écouter à tue-tête sans que mes parents me demandent de baisser le son ou de mettre mes écouteurs ! Pouvez-vous monter le volume encore un peu ?

— Je suis au maximum... Hé ! Il disparaît !

***

En activant le manège, une vieille dame toute ridée à la voix lasse lance à Jeanne :

— Tu es certaine que tu n'as pas mal au cœur ? Tu n'as pas encore envie de vomir ?

— Vomir ? Mais non ! Pour une fois que les tours sont gratuits, j'en profite. Est-ce qu'on pourrait aller un peu plus vite ?

— C'est impossible... Hé ! Où est-elle passée ?

***

Tandis que les parents sortent de leur voiture en transportant plusieurs contenants de peinture, les jeunes atterrissent dans la chambre des garçons.

Jeanne doit rester assise un bon moment : elle est trop étourdie pour tenir sur ses jambes. Olivier de son côté a les oreilles qui bourdonnent.

Quant à Philibert, il se dépêche d'annoncer la bonne nouvelle à sa demi-nièce :

— Quand tu seras retraitée de l'enseignement, tu deviendras une espionne à la solde des Grands-Parents Solidaires. Ils ne s'ennuieront pas, dans le futur !

— Espionne ? Ça me console un peu. Mais est-ce qu'il faut vraiment que je sois directrice d'école avant ?

— C'est ça qui me semble absurde dans cette histoire, ricane Philibert. J'ai faim ! On va au dépanneur ?

Ils sortent tous les trois de la maison en saluant les parents qui s'étonnent encore une fois de la capacité des ados à passer des heures dans leur chambre à ne rien faire.

Ils se racontent leurs aventures. Jeanne se dit prête à relever n'importe quel défi manège-extrême. Olivier est ravi de son immersion *heavy metal*, mais écoute avec envie les péripéties de son frère dans la Maison hantée :

— C'étaient des vrais ou des faux monstres finalement ?

— Les deux. Dans cinquante ans d'ici, les techniques de maquillage seront tellement sophistiquées qu'elles permettront aux acteurs de carrément se transformer pour devenir leur personnage. Au lieu de masques, de faux poils ou de fausses dents, une micropuce sera introduite dans le cou avec toutes les données de transformation. L'illusion sera donc parfaite et on ne pourra jamais être certain de ne pas être en présence d'un vrai vampire, par exemple. D'où la peur inévitable, mais c'est pour ça qu'on va dans ce genre de jeu.

— Et les enfants ? demande Jeanne.

— Vous avez aimé vos « punitions », non ?

— Des punitions comme ça, j'en prendrais tous les jours, s'exclame Olivier.

— C'est pour ça que plein d'enfants transgressent le règlement. Écouter du *heavy metal* ou être enfermé dans un manège, c'est l'enfer pour une vieille personne. Mais pas pour nous. Les GPS aussi trouvent que c'est un châtiment insupportable, puisqu'ils sont vieux également. Sans s'en rendre compte, la direction du parc fait plaisir aux enfants, en croyant le contraire.

Ils entrent dans le dépanneur. En cherchant dans le comptoir de friandises ce dont il aurait envie, Philibert a soudain un doute et se dit à lui-même : « À moins qu'ils sachent très bien ce qu'ils font... et que tout soit une mise en scène pour nous donner des émotions fortes... Ce serait possible aussi... »

— Je peux t'aider ?

Un jeune garçon lui sourit.

— Tu es nouveau ?

— Oui.

— C'est drôle, j'ai l'impression qu'on se connaît. Comment tu t'appelles ?

— Kevin.

Philibert le reconnaît alors. Il est tenté de lui dire qu'il fera un jour partie des GPS, déguisé en Blanche-Neige. Mais qui peut vraiment prédire l'avenir ?

VOYAGE 003

Le chien le plus laid de l'enfer

CHAPITRE 1

Le Relais de l'Olympe

De temps en temps, mes parents nous emmènent manger au restaurant. En général, nous y allons le vendredi soir, après notre semaine d'école.

Cette sortie est toujours le théâtre d'une âpre négociation : mon frère, Olivier, préfère les sushis japonais et moi, les brochettes grecques avec la sauce au yogourt. Le Relais de l'Olympe, mon choix, est le seul restaurant que je connaisse qui serve aussi des patates grillées et du riz dans la même assiette. Chez le Japonais, il n'y a pas de patates. Et moi, j'adore les patates.

Pilées, frites, sautées, rôties, au four, bouillies, je les aime toutes.

Alors, on alterne.

Vendredi soir, enfin hier, c'était le tour du Grec. Olivier jouait mollement dans son assiette de souvlaki en affichant son air frustré d'enfant gâté qui-aurait-mieux-aimé-des-rouleaux-de-poissons-à-peine-trépassés, quand j'ai vu un éclair passer dans ses yeux. Il m'a regardé intensément en murmurant :

— L'Olympe, Phil...

J'étais censé comprendre, mais, trop occupé à étaler sur mon pain à l'huile une généreuse portion de tzatziki bien aillé, je ne m'en suis pas préoccupé. C'est quand je l'ai vu sortir du restaurant avec un morceau de pain pita grec, une feuille de salade grecque et un napperon de papier taché, sur lequel on pouvait lire Relais de l'Olympe aux quatre coins, que j'ai allumé.

Je savais de quoi il me parlerait en mettant le pied dans notre chambre.

— Le mont Olympe ! Les dieux grecs ! Je te garantis, on ne va pas s'ennuyer. On va se payer une rencontre avec eux.

Je ne connais pas grand-chose à la mythologie grecque ; mais j'ai appris que les dieux ne sont pas nécessairement gentils avec les humains.

— Je n'ai pas envie d'être changé en vache.

— Tu serais vraiment beau avec des taches noires et blanches.

— C'est sérieux, Olivier.

— D'où tiens-tu ça ?

— De madame Champoux, au service de garde en cinquième année. Je ne me rappelle pas trop, mais elle nous a raconté l'histoire de Zeus qui a changé une femme en vache.

Olivier a cherché l'histoire sur Internet et a trouvé : Zeus, le maître des dieux, a effectivement transformé une femme, Io, en vache.

— Mais c'était pour la protéger, Phil !

— Ouais, de la jalousie de sa femme. Drôle de manière de sauver quelqu'un, non ?

Tout de même. En naviguant sur le Net, j'ai découvert tous ces noms exotiques, Zeus, Athéna, Arès, Hermès, Aphrodite, leurs pouvoirs, et je me suis répété qu'il ne s'agissait que d'inventions, de contes, de légendes. C'était tentant.

— Maintenant ?

— Oui, Phil, on a tout ce qu'il faut, je peux préparer la potion.

— Et tu crois qu'on ira rencontrer les dieux avec ton coin de papier déchiré et le mot Olympe ?

— Avec un peu de graisse de cuisson, on a des chances, non ?

— Pas convaincu. Laisse-moi trouver un ingrédient de plus.

J'ai cherché dans le frigo et le garde-manger. J'ai fouillé les tablettes du sous-sol où mes parents entassent des provisions comme des écureuils. J'ai même scruté à la loupe les ingrédients qui composent la bouffe de Velcro. Et je n'ai rien trouvé.

— On attend à demain.

— Quoi ????

Olivier n'était pas trop content, d'autant plus que je mettais en doute son jugement. À ce moment-là, ma mère est venue nous chercher pour qu'on regarde un film en famille : HÉRACLÈS CONTRE LES ZOMBIES.

En regardant le héros grec casser la margoulette à des morts-vivants en carton, une image m'est apparue : du fromage. Je suis retourné voir dans le frigo : c'était bien ce que j'avais vu sans réaliser que j'avais là l'ingrédient manquant.

Mes parents adorent un fromage qui se nomme le Caprice des dieux. L'emballage avait été jeté, mais je l'ai reconnu.

J'ai regardé l'heure à ma montre Batman toutes les dix minutes. Quand, à minuit quinze, j'ai entendu mon père ronfler et vu la lumière de la chambre de mes parents éteinte, j'ai réveillé Olivier. Il venait juste de s'endormir après avoir joué à Cocorico, un jeu un peu nono où il s'agit de transformer le plus de coqs possible en poulets BBQ.

On a mélangé les ingrédients et on a attendu que la potion fasse effet.

Il y a un détail auquel je n'avais pas pensé, il y en a toujours un : Velcro adore le fromage. Autant que moi, les patates... J'ai vu mon chien grimper sur mon lit, hisser ses pattes de devant pour atteindre la commode, pousser le verre ayant contenu de la potion, le faire tomber par terre et le lécher goulûment avant que je l'attrape.

Puis, tandis qu'on commençait à disparaître, Velcro a trouvé sous le lit un vieux sac de tostitos aux piments forts qu'il a déchiqueté pour avaler les miettes qui restaient au fond.

Pendant qu'on se dématérialisait, Olivier a soudain eu un doute :

— C'est drôle, comme ça, mais je ne sais pas si j'aime le mot « caprice » dans le nom du fromage...

CHAPITRE 2

Le dieu des voleurs

Philibert et Olivier sont dans les nuages, les pieds pourtant bien au sol. Ils avancent prudemment dans une humidité blanche et chaude. Des pierres roulent sous leurs pas et les klonk! bedang! kabong! qui les accompagnent donnent aux garçons un renseignement précieux.

— On est sur le bord d'un ravin, c'est clair, dit Olivier.

Non seulement cela, mais ils s'aperçoivent vite qu'ils ne peuvent que gravir une pente assez raide, merci.

— À moins qu'on la descende ? C'est l'autre possibilité, déduit Philibert judicieusement.

— Si nous sommes sur le mont Olympe, petit frère, on monte, évidemment. Les dieux sont au sommet.

— Logique.

Ils entreprennent leur ascension à tâtons, pleins d'espoir. Olivier se voit à une grande table, un verre de nectar à la main, conversant avec le maître des dieux, Zeus, sur la manière de lancer des éclairs. Philibert espère qu'ils n'en ont pas pour des heures à suer en grimpant.

Il tend l'oreille : Velcro les a-t-il suivis ? Phil se dit qu'il va certainement l'entendre haleter à mort ; son chien a beau être capable de manger de vieilles gommes collées au trottoir ou des restes de sandwiches traînant depuis trois jours dans la cour d'école en face de chez eux, il ne pourra pas avoir avalé des tostitos saveur « enfer » sans dommages.

Rien.

— Entends-tu Velcro, toi ? demande-t-il à Olivier.

— Non.

Au fil de leur marche, la couverture nuageuse commence à s'éclaircir, pour enfin disparaître complètement. La vue qui s'offre aux garçons est grandiose ; le ciel est d'un bleu très pur, le soleil brille à aveugler et des pics de montagne surgissent des nuages blancs.

— On est haut en titi ! s'exclame Philibert.

— Les dieux ont dû choisir la plus haute montagne du monde pour ne pas être dérangés par les humains. Bon. On est peut-être près du ciel, mais pas encore au sommet.

Ils reprennent la montée.

Bientôt, des marches taillées dans le roc leur facilitent la tâche. Aride et rocailleux, le paysage s'agrémente peu à peu de plantes et de fleurs multicolores.

— Tout à fait inhabituel ! dit Olivier. C'est un signe qu'on est au bon endroit.

Bientôt, ils débouchent sur un plateau. Et là, devant eux, un palais de pierre se dresse, majestueux.

— Nous y sommes ! s'écrie Olivier, tout sourire.

— Peut-être, mais je continue à avoir peur d'être changé en vache... répond Phil, qui s'inquiète non seulement pour lui mais aussi pour son chien.

C'est alors qu'on entend une voix grave en colère :

— Ah ! le traître ! Le voyou ! Le fils ingrat ! Tu verras ce que je ferai de ses ridicules ailes aux pieds ! Je le changerai en porc, en minable mouche, je lui taperai sur le casque pour l'éternité ! Il finira avec un méchant mal de tête, garanti !

— Ça, c'est quand tu récupéreras tes pouvoirs, mon chéri, répond une femme.

Olivier et Phil s'approchent, prennent soin de ne pas se faire voir. Par une ouverture dans la pierre — les dieux n'ont pas besoin de vitres contre le froid et le vent ni de moustiquaires contre les maringouins —, ils assistent à une scène étonnante.

Accablé, Zeus, maître des dieux, rage sur son trône. Héra, sa femme, lui tient la main. Une jeune fille d'une laideur repoussante pleurniche dans son coin.

— Ça suffit, Aphrodite ! Tu m'empêches de réfléchir ! ordonne Zeus.

Philibert murmure :

— Aphrodite ? Elle, je sais qui c'est ! C'est la déesse de la beauté. Comment ça se fait qu'elle soit laide à faire peur ?

Appuyé nonchalamment sur une colonne, un homme imposant intervient :

— Cessez d'avoir ce ton belliqueux, père, c'est insupportable.

Zeus éclate :

— Toi, Arès, mon fils, dieu de la guerre : te voilà devenu pacifiste ! C'est un comble !

Une nouvelle voix s'élève, mais elle ne provient pas du palais :

— Hé ! Vous, là ! Que faites-vous ici ?

Derrière Philibert et Olivier, une femme portant arc et flèches les tient en joue.

— Ne tirez pas ! supplie Philibert.

— J'en serais bien incapable ! Venez avec moi.

Que faire ? Se sauver ? La suivre ? Les garçons se savent peu outillés pour échapper longtemps à des dieux tout-puissants. Ils décident de la suivre. En les voyant entrer, Zeus demande :

— Qu'amènes-tu là, Artémis, ma fille ?

— J'ai trouvé ces garçons qui vous épiaient.

Le maître du monde se lève, s'approche :

— Des espions d'Hadès ?

— Nous ? demande Philibert ? On ne le connaît pas, juré, craché.

Suspicieux, Zeus les détaille de haut en bas.

— Drôle d'accoutrement. Qui êtes-vous ?

Pour la première fois de tous leurs voyages, Philibert décide de répondre la vérité. Un dieu, ça devrait comprendre, et surtout, il est très possible que ça détecte les mensonges :

— Nous venons d'une autre époque, d'un autre monde, dans le futur. Grâce à une potion magique, nous avons réussi à vous rejoindre, parce qu'on avait vraiment envie de vous rencontrer.

Olivier enchaîne :

— J'ai l'impression qu'on n'arrive pas à un bon moment… On peut revenir une autre fois si vous préférez.

Zeus les arrête d'un signe de la main:

— … vous pouvez peut-être nous aider…

Il invite les garçons à s'asseoir à une grande table, comme l'avait imaginée Olivier, mais pas pour discuter de la foudre et du beau temps. Aphrodite s'approche de Philibert et lui fait un sourire qu'elle veut charmeur. Une rangée de dents cariées n'ont pas du tout l'effet escompté: Phil recule, dégoûté. Aphrodite éclate en sanglots. Son père la cajole et explique:

— J'ai un frère, Hadès: c'est le dieu des morts et des enfers. Hadès est jaloux de nous, car nous passons notre vie au soleil et lui passe la sienne dans les entrailles de la terre. Remarquez, je le comprends de ne pas apprécier son sort, mais selon moi ça pourrait être pire, il pourrait vivre avec les humains vivants.

« Ce n'est pas son avis et il a décidé, avec la complicité de ce traître qu'est mon fils Hermès, de nous dépouiller de nos pouvoirs dans notre sommeil, par simple vengeance. Je ne sais pas ce que mon frère a promis à Hermès pour qu'il nous vole, mais ça a dû être assez facile de le convaincre. Après tout, Hermès est le dieu des voleurs.

CHAPITRE 3

Enfer et contre tous

Le côté absurde de ce voyage, c'est que les dieux n'ont plus de pouvoirs, bien sûr. Le bon côté, c'est qu'il est impossible pour le moment d'être changé en vache deux couleurs. Le côté amusant, c'est d'avoir cette boîte à retrouver. Le côté génial, c'est le pouvoir dont je vais hériter. Dans la balance, l'enfer, ça ne semble plus si pire que ça. D'autant plus qu'on nous a affirmé qu'entrer là, ça se faisait les doigts dans le nez. Le problème, c'est d'en sortir. À cause de Cerbère, le gardien.

Zeus nous a amenés jusqu'à un fleuve, le Styx. C'est là qu'on traverse pour passer du monde des vivants à celui des morts. L'endroit est parfaitement sinistre, l'eau est noire, le ciel est bas et gris acier. Il n'y a pas de végétation, que des troncs d'arbres qui pourrissent.

Tout à l'heure, j'ai eu peur : j'ai buté sur une carcasse d'animal. J'ai cru que c'était Velcro, car le squelette avait un collier. Mais de près j'ai su que non, car le chien avait une queue et Velcro, non.

Zeus a décampé. Sans pouvoirs, il est pas mal peureux, on dirait. On attend quelqu'un : un passeur. Il nous fera traverser en barque.

— Dis donc, Olivier, tu crois vraiment qu'on arrivera à déjouer Cerbère ?

— C'est juste un chien !

— Oui, mais Zeus a dit qu'il a trois têtes et des crocs d'ENFER !

— T'es drôle, mon petit frère.

— Oui, mais c'est à moitié une blague. D'après ce que j'ai compris, un pitbull à côté, c'est comme un chiot d'une semaine.

— Regarde, Phil, quelqu'un dans le brouillard.

Nous attendions une barque, mais c'est à pied que l'ombre arrive. Je ne peux pas encore la détailler. Mais je peux l'entendre :

— Hé bien ! Fameux guerriers que mon père a trouvés ! Il a perdu ses moyens encore plus que je le croyais ! Je me présente : Hermès, pour vous servir.

L'homme est coiffé d'un casque avec des ailes, il tient une baguette avec des ailes, et vole au-dessus du sol grâce à des ailes à ses pieds. Olivier prend une attitude frondeuse, mais je sais qu'il a peur :

— Ah ! C'est vous, le voleur. Votre père n'est vraiment pas content.

— Évidemment.

— Pourquoi avez-vous volé les pouvoirs de toute votre famille ?

— Je ne peux pas m'en empêcher. Je ne suis pas le dieu des voleurs pour rien. C'est très bizarre, car les objets que je vole ne m'intéressent pas. Je voulais rendre les pouvoirs, mais Hadès m'a fait une proposition : lui céder la boîte contre la guérison de cette fâcheuse manie.

Voilà une justification que je trouve, sinon acceptable, du moins passable. Mais je vois une faille dans l'histoire d'Hermès :

— Zeus n'aurait pas pu opérer cette guérison ? Il est — enfin était — capable de tout !

— C'est lui qui m'a fait dieu des voleurs...

Et personne ne va contre sa volonté, sauf un frère jaloux. Je commence à voir un peu le portrait de famille.

Ce gars-là va nous mettre des bâtons dans les roues. Quoi faire? Essayons de le déstabiliser. Parfois, ça fonctionne.

— Es-tu guéri?

— Je n'ai rien volé depuis hier.

— C'est trop tôt! Hadès n'a peut-être pas tenu sa promesse, tu sais. Et s'il en était incapable? Il n'est pas le dieu des médecins, à ce que je sache.

Hermès rit:

— Tu sauras, euh...

— Philibert.

— ... Philibert, que je suis aussi le dieu de l'intelligence et je vois ton stratagème.

Manqué.

— Bel effort, me dit Olivier. Je suppose que vous ne nous direz pas où Hadès a caché la boîte de pouvoirs.

— Je ne le sais pas ET je ne vous le dirais pas de toute manière.

La barque que nous attendions accoste. Un personnage drapé d'une longue cape, la tête enfouie dans son capuchon, nous fait signe de monter à bord. Il tend la main.

— Qu'est-ce qu'il veut? demande Olivier.

— Des rameaux d'or. C'est le prix. Les traversiers ne sont pas gratuits dans notre monde non plus. Voilà. J'en ai toujours dans les poches, volés bien entendu.

Il nous en tend chacun un.

— Merci, dis-je.

Tandis que nous nous éloignons, Hermès affiche un méchant sourire :

— Mon père doit vous avoir promis de vous donner des pouvoirs, il fait toujours ça. À votre place, je me méfierais : ce ne seront peut-être pas des pouvoirs comme vous en rêvez ! S'il a fait de moi le dieu des voleurs, que fera-t-il de vous ?

Ouais. Il vient de jeter un gros doute, le dieu ailé. On n'avait pas vu les choses sous cet angle. Qu'est-ce que j'espérais ? Avoir le pouvoir de faire soixante paniers par partie de basket ? Celui de voler dans les airs ? Celui de manger sans grossir ? Mieux, détenir le pouvoir de devenir invisible ? Et si Zeus me transformait en tricheur ? Me donnait la faculté de rester éveillé alors que j'adore dormir ?

— Toi, Olivier, à quels pouvoirs rêves-tu ?

La barque avance dans le silence, sauf pour le clapotis de l'eau à chaque coup de rame.

— J'aurais aimé voir dans le noir, passer à travers les murs, avoir, euh… la capacité de séduire les filles.

— Oublie ce tata de Hermès ! Il a fait exprès de nous faire peur pour nous démotiver ! Pour qu'on rebrousse chemin ! Je suis sûr que c'est une ruse de la part du dieu de l'intelligence.

— Tu crois ?

— Dur comme fer.

Ouais…

Nous frappons le fond : nous accostons sur l'autre rive. Le passeur reste assis et attend qu'on soit sur la terre ferme pour repartir aussitôt.

Brrrr. J'ai un frisson, ce qui est bien naturel, j'imagine, quand on entre dans le monde des morts, aux enfers, même s'il doit y faire très chaud.

On avance dans le même brouillard épais que tantôt. Décidément, on ne voit rien dans ce voyage ! Mais oh !

— Tu entends Olivier ?

— Oui.

— Ça ressemble à des gens qui crient et se lamentent, non ?

— Je trouve aussi.

— Est-ce qu'on peut rebrousser chemin, tu penses ?

— Non.

Bien sûr.

— Peut-être qu'on aura toute une surprise et que ce sera le party en enfer ? Après tout, on est dans l'absurde.

Je ne me crois pas du tout.

Une porte immense se dresse devant nous. De la fumée s'échappe par les serrures et les gonds. Oups! Elle commence à s'ouvrir lentement. On aperçoit une patte de chien aux griffes acérées.

— Cerbère, le gardien, murmure Olivier, tremblant.

J'ai de la difficulté à avaler ma salive:

— Rappelle-toi, il nous laissera entrer sans problème.

La porte s'ouvre entièrement. La créature à trois têtes apparaît.

VELCRO??????

CHAPITRE 4

La vie du dieu des morts

C'est bien lui, Velcro, son poil, sa couleur, sa tête, enfin ses têtes. Mais ses crocs ont poussé et il bave copieusement. Ses yeux si doux ont pris une couleur rouge feu et n'annoncent aucune intention bienveillante. Philibert a beau lui parler, Velcro ne se laisse pas toucher ; il ne le reconnaît pas.

— Comment a-t-il pu se retrouver ici ? se demande Olivier.

— Les tostitos... saveur enfer... Aïe ! Pauvre Velcro !

— Bof ! Il ne faut pas trop s'en faire. Il finira bien par retourner dans notre monde.

— En même temps que nous, oui. Il faut agir vite si on veut recevoir nos pouvoirs.

Sans que les garçons s'en soient rendu compte, Velcro s'est placé entre eux et la porte. Il s'est assis, les pattes croisées et ses trois paires d'yeux surveillent les mouvements des nouveaux habitants de l'enfer. Indépendantes l'une de l'autre, les trois têtes s'étirent, une pour renifler Olivier, une autre pour forcer Philibert à avancer, la troisième pour flairer l'air.

« Il a faim, il lui reste une petit quelque chose de notre Velcro », pense Philibert.

Les voilà empruntant une allée de roches noircies et chaudes. La nuit les entoure, mais bien différente de celle qu'ils connaissent ; une lueur blafarde venue d'on ne sait où jette un éclairage faible sur leurs pas hésitants. Des jets de fumée s'échappent ici et là de crevasses dans le sol. Et des yeux brillants les observent dans l'ombre des arbres morts.

— C'est macabre, dit Olivier.

— Inquiétant, répond Philibert.

Où sont les morts ? Rien en vue que ces yeux. Et ces plaintes larmoyantes regrettant le monde des vivants qui parviennent à leurs oreilles.

— Tu entends ? souffle Phil à Olivier.

— Oui, c'est déprimant...

— Non ! Écoute !

Une monture approche lentement. Dans l'obscurité, la forme d'un haut cheval se dessine, un cavalier sur son dos. Philibert plisse les yeux pour mieux le distinguer :

— Évidemment, le cheval est noir.

— C'est obligatoire, renchérit Olivier.

À leur hauteur, il s'immobilise. Le cavalier descend, laisse la bride sur le cou de l'animal qui ne bouge pas, observe les garçons en silence.

— Heu... Hadès ? demande Olivier.

— Pour vous servir. Ça me fait plaisir d'accueillir des vivants ici, même si je sais que vous venez pour récupérer les pouvoirs des membres de ma famille. D'habitude, ce sont des morts.

— En effet, oui, c'est notre tâche. J'imagine que vous n'allez pas nous donner la boîte gentiment ? dit Philibert.

Hadès éclate de rire :

— Ça dépend...

Hadès leur fait signe de le suivre. Le cheval leur emboîte le pas. Après plusieurs minutes de silence, Philibert s'impatiente un peu :

— Ça dépend de quoi, monsieur Hadès ?

— De vous. Parlez-moi. De n'importe quoi. Toi.

Désigné, Olivier se gratte la tête, à la recherche d'un sujet, puis il décide de lui raconter leur voyage à Disney World avec force détails.

— Encore ! ordonne Hadès.

Olivier bifurque vers une explication complexe des différences entre le rap *old-school* et le rap funk. Hadès l'écoute avec un évident plaisir, vivement intéressé lorsque Olivier s'embarque dans une description du *death metal*, amusé par des mots comme hip-hop, punk ou emo-acoustique. Il rit de bon cœur en écoutant Olivier battre le rythme du disco et se tord littéralement quand le garçon livre un *Bonne fête* classique en faussant comme tout le monde.

En applaudissant, il demande à Philibert de lui parler à son tour. Phil plonge dans son sujet préféré, le basketball. Il décrit les jeux, les passes, les stratégies, les fautes, les positions de joueurs, jusqu'à ce qu'il voie Hadès bâiller. « Ç'aurait été plus intéressant si j'avais eu un ballon pour lui montrer », se dit le garçon, alors qu'ils arrivent à la demeure du dieu des morts.

Hadès leur sert un liquide noir bouillonnant. Olivier y trempe les lèvres et apprécie le goût sucré en précisant à Philibert que ça goûte aussi l'ananas, fruit que

Phil déteste. Il délaisse donc son verre. Le dieu les invite à s'installer dans des sièges placés en rond près d'un feu qui brûle sans interruption :

— C'est un des charmes de l'enfer, dit Hadès.

À son tour de parler, maintenant. Le dieu des enfers décrit son ennui, sa solitude, les morts qui n'ont qu'un seul sujet de conversation, la tristesse d'être mort. Il raconte comment la vie est ennuyante quand il fait toujours nuit, que tout est noir, sans vie. Philibert commence à comprendre sa frustration, alors que le reste de sa famille se prélasse sur le mont Olympe, au soleil, en écoutant le son de la lyre :

— Zeus ne pourrait pas vous laisser sortir d'ici un peu ?

— Hélas ! Tout est maintenant fixé et nous ne pouvons plus changer. En fait, ce n'est pas tant sortir que j'aimerais, comme d'avoir quelqu'un à qui parler. Je vois que mon frère a bien compris cela et j'apprécie son geste de conciliation. Il m'a envoyé un extraordinaire conteur. Pour cela, je lui rendrai les pouvoirs.

Philibert et Olivier échangent un regard inquiet.

— Envoyé ? demande Olivier.

— Oui, envoyé. Je suis ravi du cadeau. Toi, le petit, tu repars avec les pouvoirs. Toi, mon nouvel ami, tu resteras avec moi pour l'éternité. Qu'est-ce que je suis content !

Philibert réfléchit en regardant son frère devenir tellement blanc qu'il éclaire la pièce. Il se penche à son oreille :

— Les effets de la potion finiront par disparaître. Je parlerai à Zeus, pour ton pouvoir.

Hadès ricane :

— La petite boisson noire que ton frère a bue tout à l'heure se chargera de le garder à mes côtés pour toujours. Nous aussi, on a de bonnes recettes. Va ! J'ai hâte de me réconcilier avec ma famille !

Hadès remet à Philibert une toute petite boîte et le pousse vers la porte. Il referme derrière lui et retourne vers Olivier, qui est passé du blanc au vert.

— Philibert racontera à Zeus que vous me gardez prisonnier et il le sommera de tenir sa promesse de nous renvoyer chez nous avec des pouvoirs ! Vous verrez, quand il aura récupéré sa foudre, il viendra me libérer !

Hadès a un méchant sourire :

— Il ne récupérera jamais sa foudre, ni Aphrodite sa beauté, ni les autres leurs attributs : car ton frère ne sortira pas d'ici. Ah ! que je m'amuse. Cerbère mérite un peu de chair vivante. Alors, tu disais tout à l'heure ? Tu as parlé de reggae, c'est quoi ?

Devant la porte verrouillée, ne pouvant aider son frère, Olivier commence à fredonner mollement une chanson de Bob Marley.

CHAPITRE 5

Trois têtes valent mieux qu'une

Si je rapporte leurs pouvoirs à tous les dieux de l'Olympe, je suis certain qu'ils m'aideront à sauver Olivier ! Ils ne peuvent pas le laisser là. Ils ne peuvent pas lui faire ça !

Peuvent-ils ?

Selon ce que je soupçonne, on pourrait qualifier cette famille de « dysfonctionnelle » : une famille qui fonctionne mal, je veux dire. Disons que les liens entre chacun sont assez nuls. Il y a des jaloux qui veulent se venger, des voleurs, des tricheurs. Bon, j'ai déjà moi-même volé une petite auto à mon frère, mais ce n'était pas si grave que ça. Ouais, pour se venger, il a fait disparaître la photo de mon idole, Michael Jordan, et j'ai été obligé de le servir toute une journée pour la ravoir. Mais ce n'est pas pareil ! Enfin, il me semble...

Je dois faire vite : je n'ai pas, moi, bu de son affreux liquide noir. Ce qui veut dire que je pourrais disparaître avant d'avoir sauvé Olivier.

Cours, Phil, cours.

Si Hadès a hâte de se réconcilier avec Zeus, il me laissera rejoindre l'Olympe facilement. C'est sûr. Il aplanira les difficultés sur mon chemin. C'est évident. Le passeur sera dans sa barque à m'attendre, ça ne fait aucun doute. Et Cerbère-Velcro m'ouvrira gentiment la porte des enfers. Cela va de soi.

Le voilà ! Je vois une de ses têtes s'agiter au loin. Il est couché, les pattes croisées. Deux têtes dorment.

OK. Du calme. Prends une grande respiration. Approche avec assurance. J'ai beau être absolument certain qu'il me laissera sortir, je me dis que ces bêtes mythiques, ça doit être nerveux. Je dois oublier que c'est Velcro. C'est dommage qu'en rentrant il ne se souviendra de rien. Ou peut-être que oui, mais il ne pourra pas le raconter.

— Bonjour, mon chien-chien. C'est correct, tu peux rester couché, pas la peine de te déranger, je peux ouvrir la porte tout seul, pas de problème. Non ? Tu veux le faire ? Vas-y, pas de gêne.

Il s'est levé. Ses deux têtes endormies ouvrent les yeux. Il bâille. Oh là ! C'est la première fois que je remarque que les dents de mon chien ont une couleur assez douteuse, il faudra les faire détartrer. Il a une haleine de poubelle ! Multipliée par trois.

Qu'est-ce que je fais ?

— T'es un beau chien. Couche-toi, Philibert va passer lentement, d'accord ? Non, t'es pas d'accord, je vois.

Ses yeux s'injectent de veines rouges. Pas beau. Pas rassurant. Il commence à haleter comme quand Velcro est stressé. Pas bon signe. Il baisse les têtes : oh, il avance exactement comme lorsque mon chien va essayer d'attraper un écureuil. Sauf qu'il s'agit de moiiiiiiii !

J'ai reculé, il s'est immobilisé. Je pense que Hadès n'a pas fait le message à son chien de me laisser passer. Comment faire ? Je n'ai aucune chance contre ce géant enragé et probablement affamé ! Si au moins j'avais des biscuits de chien dans mes poches ! Ou n'importe quoi qui se mange, à part moi !

Réfléchis, Philibert. Réfléchis.

Tu n'échapperas jamais à son attention : il a six yeux. Un bâton ? Essayons. Velcro peut courir après un bâton cent fois de suite.

— Hé, pitou ! Regarde ce que je viens de trouver ! Va chercher !

J'ai lancé à bout de bras un os qui traînait. Il n'a pas bougé. Il faudrait l'endormir. Une berceuse ?

L'autre jour, dans la classe, Justine a chanté une version funk de *Au clair de la lune*. C'était tellement beau ! J'ai failli m'endormir pour de vrai. Mais je ne chante pas comme elle. Justine est vraiment belle avec sa longue tresse et... Je l'ai ! Je sais quoi faire !

Je cours à droite :

— Hé, le gros ! Par ici !

Je cours à gauche :

— Non, ici !

Derrière :

— Je suis là !

Devant :

— Youhou !

Plus vite :

— Ici ! Là ! Regarde !

Voilà ! Plus vite encore, Phil, de tous les côtés ! Je vais tellement rapidement que Cerbère a de la difficulté à me suivre. C'est bien, c'est ça, une tête par ici, oui, l'autre par-dessus, parfait, la troisième par là. Et encore ! Et encore !

Hourra ! Les trois têtes forment une magnifique tresse ! Dépêche, Phil, avant qu'il se déprenne ! Il ne peut plus les bouger, il est complètement étourdi. Mais... Oh non ! Une des têtes disparaît ! Velcro commence à se dématérialiser !

Je passe, j'ouvre la porte, je sprinte vers la rivière. Le passeur est là. Je saute dans la barque. Nous nous éloignons.

— Tu mettras ça, sur le compte de Hermès. Vite !

***

— Les voilà, vos pouvoirs ! Maintenant, il faut libérer mon frère !

À peine ai-je déposé la boîte que tout le monde s'est jeté dessus. Un beau tableau ! Ça se pousse, ça se chicane pour être le premier à récupérer son bien.

Poséidon court se jeter dans la mer ; Arès part déjà en guerre ; Artémis vise un malheureux pigeon perdu dans les hauteurs ; Aphrodite se transforme en... aïe ! qu'elle est belle ! Héphaïstos joue avec le feu ; et Zeus gonfle le torse, fier, un éclair dans chaque main.

— Bon, vous êtes contents ? Alors, il n'y a pas une minute à perdre !

Zeus s'avance vers moi :

— Je suis redevenu le maître des dieux, grâce à toi, mon garçon. Et je tiendrai ma promesse. Ne crois pas ce vaurien de Hermès. Je m'occuperai de lui plus tard. Je te donnerai un pouvoir, un vrai, celui que tu désires le plus. Ce pouvoir, tu l'auras pour toujours, où que tu ailles.

— Oui, mais avant... Olivier !

— Je suis le maître sur terre et dans le ciel. Mais je n'ai aucun pouvoir dans le monde souterrain ; c'est le domaine d'Hadès. Désolé, mon garçon.

Je suis soufflé ! Déçu ! Malheureux ! Impuissant !

Je dispose de combien de temps encore ? Velcro n'a léché que quelques gouttes au fond du verre de potion alors que j'en ai bu pas mal. Je n'en veux pas, de ses pouvoirs, je veux mon frère !

— Si c'est comme ça, je vais me débrouiller tout seul ! Salut !

Voilà ! Je rebrousse chemin. Je sais comment neutraliser Cerbère. Ouais, si Velcro est de retour chez nous, je devrai affronter le vrai Cerbère ! Sera-t-il aussi naïf ? Tiens, j'ai une idée : je pourrais demander à Zeus une belle voix, pour endormir Cerbère. Ou une potion qui aurait le même effet ! Oui ! Ça devrait être possible.

Revenons sur nos pas.

— Je regrette, vraiment, c'est Athéna, ma femme, la spécialiste des recettes et elle refuse catégoriquement de me laisser entrer dans sa cuisine. Elle est très pointilleuse là-dessus.

— Mais vous êtes nul !

— Je sais… Ne le dis jamais aux Grecs !

Il fait pitié, le maître des dieux. Mais…

— J'ai une idée, peut-être pourrez-vous m'accorder ce pouvoir-ci.

— Lequel ?

— Le pouvoir de sauver mon frère.

CHAPITRE 6

À-dieux !

Philibert court vers Olivier. Mais le chemin lui paraît beaucoup plus long que la première fois. Voilà que soudain ses mains commencent à perdre de leur consistance.

— Non !!!! Pas maintenant !

— Tu as un problème, mon garçon ?

Hermès est là à voleter autour de lui.

— Pas le temps d'expliquer.

Mais Hermès sait tout. Il prend Phil dans ses bras, le soulève et s'élance à toute vitesse dans les airs :

— Comme je t'aide, j'espère que tu auras un bon mot pour moi quand tu reparleras à Zeus.

— Tu veux dire que tu ne veux pas affronter sa colère, hum ?

— Oh ! Zeus t'aurait-il donné le pouvoir de lire dans les pensées des autres ?

— Non, mais c'est facile à deviner. La barque est là !

— Oublie-la, je te laisserai directement à la porte des enfers. Tu es drôlement léger !

Et pour cause : Philibert perd de plus en plus de sa consistance.

Hermès le dépose à l'entrée du monde des morts. Cerbère est là, soufflant et grognant, le regardant passer devant lui ; puis il referme la lourde porte. Phil avance dans cette lumière blafarde qu'il connaît et arrive bientôt devant la demeure de Hadès. Il a juste le temps d'entendre Olivier fredonner un rythme africain avant de disparaître complètement.

***

Toute la maison est endormie. Une faible lueur apparaît à l'est : le jour approche. Philibert atterrit dans sa chambre. Velcro est roulé en boule sur son lit.

Le premier réflexe de Phil est de s'asseoir, découragé. La tête dans les mains, il craint de ne plus jamais revoir son frère. Il ne peut même pas envisager de retourner en Grèce puisqu'il ne connaît pas les éléments de base de la potion, qu'Olivier n'a jamais voulu lui révéler.

Son second réflexe est de se lever et de faire les cent pas en cherchant une solution. Nerveux, inquiet et fâché, il tourne en rond. Il marche alors sur le sac vide de tostitos saveur enfer. Il se précipite dans la cuisine.

Il trouve un autre sac dans l'armoire ; toute la famille raffole des tostitos ! Il s'installe au comptoir et retrouve les ingrédients qu'il connaît, le Caprice des dieux, un coin du napperon de restaurant, un peu de graisse, le pain pita. Il retourne dans sa chambre et ramasse le verre de l'ancienne potion ; Velcro l'a léché, mais peut-être reste-t-il une infime quantité du mélange collée à la paroi. Il le faut pour que ça marche. Il verse de l'eau, frotte les bords avec une spatule, brasse le tout et avale en croisant les doigts.

Il retourne dans sa chambre ramasser ce qui lui servira de monnaie d'échange.

« Je viens de boire de la bave de chien… ouache… » pense-t-il, en même temps qu'il commence à se dématérialiser.

***

— Je ne peux plus ni chanter ni parler! hurle Olivier.

— Attention, tu commences à perdre la voix, mon garçon. Il ne faut pas, car si tu ne peux plus me divertir, je me débarrasserai de toi. À l'heure qu'il est, Cerbère doit avoir digéré ton frère et son estomac doit déjà gargouiller à cause de la faim.

— J'aime mieux mourir que de continuer!

— Allons, allons, un peu de repos et de miel devraient faire des miracles pour ta gorge irritée.

Allo, allo, coco, bongo, le sot est dans le seau et tout le monde est beau, beau, beau.

Olivier cherche d'où vient la chanson :

— Hé ! C'est Coco bongo du groupe Fiasco !

Philibert sort de l'ombre.

— Toi ! s'étonne Hadès.

— Phil ! Je savais que tu reviendrais ! Mais comment as-tu réussi...

— Plus tard, on n'a pas une minute à perdre. Hadès, je te propose un échange.

Devant le dieu des enfers, Philibert dépose son iPod, des haut-parleurs et des écouteurs. Il remet la chanson au début. Son rythme endiablé et ses paroles insolites ont tôt fait de captiver l'attention du dieu. Il se met à taper du pied, bouger, sautiller, créant une danse qui se situerait entre un exercice de karaté et une session de corde à danser.

Philibert est ravi de l'effet de ce premier succès d'un groupe émergent. Il désigne le iPod :

— Dans cette petite boîte, il y a toutes les chansons de Fiasco. Il y a aussi plus de mille pièces de musique, de tous les genres. Ça vous intéresse ?

— Et comment ! La voix est bien plus belle que celle de ton frère.

Olivier est un peu vexé, mais ne dit rien comprenant les intentions de Phil.

— Le iPod et ses accessoires contre Olivier.

— Vendu. Vous pouvez partir.

— Pas avant d'avoir contré les effets du breuvage que vous avez fait boire à Olivier, répond Philibert.

Hadès sourit :

— Tu n'oublies rien. D'accord. Ça marche comment, ces fils ?

Les écouteurs sur les oreilles, Hadès prépare une boisson qu'il tend à Olivier.

— C'est éternel, cette machine ?

Olivier s'inquiète : il n'y a pas de prise de courant dans ce monde et pas de piles non plus. Philibert a une réponse toute prête :

— Zeus peut vous recharger la pile en deux secondes avec les éclairs qu'il fabrique. Ce sera un bon prétexte pour vous voir. N'avez-vous pas dit que vous vouliez vous réconcilier avec lui ?

— Oui... mais, être obligé, ce n'est la même chose...

— Arrêtez de faire des caprices, vous êtes de vrais enfants ! lance Philibert, en songeant au Caprice des dieux.

C'est alors que les garçons commencent à se dématérialiser.

— Enfin ! s'écrie Olivier, soulagé.

Déjà absorbé par l'écran et les commandes de son iPod, Hadès ne leur dit même pas au revoir.

***

Le jour s'est levé. De leur chambre, Philibert et Olivier peuvent entendre la radio que leur mère écoute religieusement tous les matins, même le samedi, comme aujourd'hui. Velcro ne s'est même pas réveillé à leur arrivée. Il rêve, secoué de spasmes et il grogne.

— Il doit se revoir en Cerbère, dit Philibert. Il a certainement aimé être un gros chien méchant pour un moment. J'aimerais ça, des fois, être un gros méchant, juste pour voir.

— Ce n'est pas ton genre.

Phil raconte son aventure, comment il a maté Cerbère-Velcro, sa rencontre avec Zeus, l'aide de Hermès, son retour à la maison. En soupirant d'envie, encore une fois, Olivier avoue son admiration pour son frère :

— Tu es sacrément rusé, Phil. Mais il faut dire aussi, sans vouloir te diminuer, que Zeus t'avait donné le pouvoir de me sauver. C'était un bon coup de pouce.

— Non, il ne m'a jamais accordé ce pouvoir.

— Mais tu as dit...

— ... que c'est ce que je lui ai suggéré. Il a ri en disant que je l'avais déjà. J'ai détalé, penses-tu, sachant que j'allais bientôt me dématérialiser.

— Tu ne lui as rien demandé d'autre ?

— Je n'ai pas eu le temps... j'étais trop pressé.

Alors Olivier fait cette chose incroyable : il serre son frère dans ses bras. Puis il le pousse sur son lit en riant et Philibert sait qu'il s'agit là d'un geste d'une grande tendresse un peu timide.

Deux coups à la porte réveillent Velcro qui se lève et s'étire. Olivier dit à sa mère qu'elle peut entrer.

— Je vous ai entendus rire, donc vous êtes réveillés. C'est tôt pour un samedi matin ! Vous voulez des crêpes ? Ce sera prêt dans dix minutes.

— Oui !!! répondent les garçons en chœur.

Elle sort avec Velcro à sa suite. Sa voix leur parvient du corridor : « Qu'est-ce que tu as, mon toutou ? Tu as le cou tout tordu ! »

Olivier enlève son chandail :

— Je vais prendre une douche. Tu m'avertis dans huit minutes ?

— Pas de problème. Tu sais, il faudra bien que tu me donnes la recette de la potion. On a été très chanceux cette fois-ci qu'il en reste sur le verre.

— Ouais... Tu as peut-être raison. Je vais y penser.

Olivier sort. « Huit minutes. » Philibert veut regarder sa montre : elle n'est plus à son poignet.

— Hermès ! lance-t-il tout haut. Il m'a volé ma montre, l'espèce.

À suivre...

Table des matières

Comment ? Vous n'avez pas encore lu les autres aventures de Philibert Tanguay ?

TOME 1

Philibert et Olivier commencent leurs voyages par une chasse aux mammouths, une promenade en Nouvelle-France et un passage dans un désert aux allures de fin du monde.

TOME 2

Philibert se retrouve à New York, ville-santé du futur, survole le château de Versailles et découvre la vie sur l'île de Pâques.

TOME 3

Après Rome, les deux frères se retrouvent au pays des sorcières. À peine remis de leur périple, ils pensent rejoindre leurs parents en croisière, mais ils tombent en plein combat naval.

TOME 4

Les deux frères vivent des aventures mayas mouvementées à Playa del Carmen. Mais un autre voyage les attend : Paris en France pour Olivier et Paris au Missouri pour Philibert. Puis ils retournent dans l'ère glaciaire et croisent la route d'un extraterrestre en Jell-O...